Das ultimative Probenbuch
Diktat & Aufsatz
3./4. Klasse

Dieses Buch gehört

_____

Du schaffst den Sprung

Vorwort

Liebe Schülerin, lieber Schüler,

dieses Buch hilft dir bei der Vorbereitung auf Diktate und Aufsätze. Wir geben dir hier sehr viele Tipps, um in der Rechtschreibung immer sicherer zu werden und Aufsätze spannend zu formulieren.

Im Anhang findest du zu den Rechtschreibproben eine Lösung, damit du die Proben selbstständig kontrollieren kannst.
Die Beispielaufsätze haben wir ausschließlich positiv formuliert, um dich nicht mit negativen Beispielen zu verwirren.

Im September 2021 beschloss der CSU-Parteitag mit einer Mehrheit von 96 %: „Die krampfhafte Wortwahl der Gender-Sprache hat in Behörden und **Bildungseinrichtungen** zu unterbleiben."

Um die Lesbarkeit zu vereinfachen, werden auch wir auf jegliches Gendern verzichten, möchten aber darauf hinweisen, dass wir niemanden diskriminieren möchten.

Wir wünschen dir viel Erfolg bei der Arbeit mit diesem Übungsbuch und für dein gesamtes Schuljahr!
Mandana Mandl   Miriam Reichel

1. Auflage 07/2016
6. Auflage 02/2023
© MaMis Verlag

Lektorat: Sandra Frey, Edling; Bianca Gubalke, Kapstadt

Logo- und Covergestaltung: Michael Reichel
Druck: omb2 Print GmbH, München
www.schulproben-bayern.de
www.MaMis-Verlag.de

Für Verbesserungsvorschläge sind wir immer offen!

Informatives:

Ab dem Schuljahr 2009/2010 müssen die Schulproben mindestens acht Tage im Voraus angekündigt werden. Die Anzahl der Proben pro Fach ist vom Kultusministerium festgelegt worden.

In dieser Reihe erhältlich:

3. Klasse: Das ultimative Probenbuch Deutsch, Mathematik, Heimat- und Sachunterricht (HSU), Das ultimative Leseprobenbuch, Singlish, Swinglish, Springlish: spielerische Vorbereitung auf die erste Fremdsprache

4. Klasse: Das ultimative Probenbuch Deutsch, Mathematik, Heimat- und Sachunterricht (HSU) Das ultimative Leseprobenbuch

5. Klasse: Das ultimative Probenbuch Deutsch (alle Schulen), Mathematik (Gymnasium)

6. Klasse: Das ultimative Probenbuch Deutsch, Mathematik (Gymnasium)

Sammelbände: **Das ultimative Probenbuch Deutsch, Mathe HSU 3. Klasse (NEU)**
Das ultimative Probenbuch Deutsch, Mathe HSU 4. Klasse (NEU)
Das ultimative Probenbuch Lesen 3./4. Klasse
Das ultimative Probenbuch Textaufgaben 3./4. Klasse
Das ultimative Probenbuch Diktat und Aufsatz 3./4. Klasse
Das ultimative Probenbuch Deutsch 5./6. Klasse (alle Schulen)
Das ultimative Probenbuch Diktat und Aufsatz Unterstufe 5./6./7. Klasse (alle Schulen)

Ferienkalender für Bayern:

	2023	2024
Fasching	20.02. - 24.02	12.02. - 16.02.
Ostern	03.04. - 15.04.	25.03. - 06.04.
Pfingsten	30.05. - 09.06.	30.05. - 09.06.
Sommer	31.07. - 11.09.	29.07. - 09.09.
Herbst	30.10. - 03.11.	- -
Weihnachten	23.12. - 05.01.	- -

Ferienkalender Baden-Württemberg:

	2023	2024
Ostern	06.04. - 10.04.	23.03. - 05.04.
Pfingsten	25.05. - 05.06.	21.05. - 31.05.
Sommer	29.07. - 11.09.	25.07. - 05.09.
Herbst	02.11. - 06.11.	- -
Weihnachten	23.12. - 08.01.	- -

Quelle: http://www.schulferien.org

INHALTSVERZEICHNIS

1 Allgemeine Informationen zum Thema Schule für Eltern

1.1 Leistungsstörungen

Unser Schulsystem kennt im Allgemeinen drei verschiedene Leistungsstörungen: ADS/ADHS (Aufmerksamkeitsdefizit / Hyperaktivitäts-Syndrom), Dyskalkulie (betrifft die Mathematik und das Abschätzen von Distanzen) und Legasthenie.

Die einzige in der Schule anerkannte Leistungsstörung ist die Legasthenie oder Lese- / Rechtschreibstörung. (Eine Lese oder Rechtschreibschwäche ist nicht anerkannt.)

Auch wenn die anderen Phänomene nicht anerkannt sind, sollte eine frühe Förderung / Therapie ins Auge gefasst werden, bevor sich Probleme festsetzen und weitere Komplikationen entstehen könnten.

1.2 Der Legasthenieerlass

Seit 1999 gibt es in Bayern, als erstem Bundesland, den „Legasthenieerlass", der es legasthenen Kindern ermöglicht, einen höheren Bildungsweg einzuschlagen.

Hierbei werden Schülern mit diagnostizierter Legasthenie Zeitzuschläge von bis zu 50 % gewährt. Auf eine Benotung der Rechtschreibleistung wird verzichtet. Dies gilt nur bei einer diagnostizierten Legasthenie / Lese-Rechtschreibstörung.

Die isolierten Störungen werden unterschiedlich behandelt, d. h. Kinder, die nur eine Lesestörung haben, bekommen einen Nachteilserlass für ihre Lesefähigkeit, nicht aber für ihre Rechtschreibung, und keinen Notenschutz. Zeitzuschläge werden nach der Schwere der Störung gewährt.

Den Lehrern wird empfohlen, von legasthenen Kindern häufiger die mündlichen Leistungen zu bewerten, um die fehlenden Noten (z. B. von Diktaten oder Leseproben) auszugleichen. Es kann auch pädagogisch sinnvoll sein, dem Legastheniker bei Diktaten einen angemessenen Fehlersprung zu gewähren.

Leider sind nicht immer alle Grundschulen dazu bereit, es sei denn, sie kennen sich in diesem Bereich gut aus und gehen progressiv vor.

In der **Grundschule** bedeutet der Legasthenieerlass: Keine Noten auf Diktate. Je nach Form der Störung auch keine Benotung von Leseproben.

In der Grammatik kann auf die Bewertung der Groß- und Kleinschreibung verzichtet werden, mit der Konsequenz, dass ein Legastheniker z. B. auch ein Nomen kleinschreiben kann und trotzdem behaupten darf, dass es ein Namenwort ist.

Im **Gymnasium** werden die Fremdsprachen – je nach Gutachten – mündlich und schriftlich 1:1 bewertet, d. h. jede **geschriebene** Note (Schulaufgabe, EX, Kurzarbeit) steht zu jeder **mündlichen** (also gesprochenen! hierzu zählt keine EX, die normalerweise als mündliche Note berechnet wird) Note (Ausfragen, Referat, Mitarbeit) im Verhältnis 1:1.

Je nach Grad der Störung wird die Bewertung angepasst und im Zeugnis vermerkt. Lehrer können individuelle Unterstützung gewähren. Ebenso können Maßnahmen zum Nachteilsausgleich (BaySchO § 33) gegeben werden. Die Prüfungsanforderungen bleiben insgesamt gewahrt. Der Nachteilsausgleich hilft den Schülern, die Aufgaben auf demselben Niveau trotz ihrer Beeinträchtigung zu erfüllen. Beispiele für den Nachteilsausgleich: Zeitverlängerung, Strukturierungshilfen bei längeren Texten, Vorlesen von Arbeitsaufträgen, usw. Der Nachteilsausgleich wird nicht im Zeugnis vermerkt. Mit dem Notenschutz wird auf einen Teil der Leistungsbewertung verzichtet. Daher ist der Notenschutz mit einem Zeugnisvermerk verbunden, der angibt, welche Leistung nicht erhoben wurde, z. B. „Die Rechtschreibung wurde im Fach Deutsch nicht bewertet."

Strittig ist immer noch die Bewertung der Interpunktion. Im Gymnasium wird sie nicht bewertet, in der Grundschule hängt es von der Handhabung des Lehrers ab. Hier sollte man sich in Streitfällen an das Kultusministerium wenden. Oft wird die Interpunktion der Rechtschreibung zugeordnet (und damit nicht bewertet), außer es wird eindeutig in der Grammatikfrage gefordert, bzw. speziell geübt, wie z. B. wörtliche Rede, oder „Notiere das richtige Satzzeichen am Ende des Satzes!". Kommata sollten aber nicht bewertet werden, auch nicht automatisch fehlende Punkte am Satzende.

Vor allem für den Übertritt und die weiterführenden Schulen empfiehlt es sich, ein psychologisches Gutachten erstellen zu lassen.

Dieses erfolgt durch einen Psychologen und beinhaltet ein Diktat, Lesen (Wortgenauigkeit und gelesene Wörter pro Zeiteinheit), ferner einen Intelligenztest, der ausschließen soll, dass das Kind lediglich aufgrund einer Minderbegabung nicht lesen und schreiben kann, sowie eine psychologische Untersuchung, die wiederum ausschließen soll, dass andere Ursachen zu Grunde liegen.

Das Gutachten des Psychologen wird dann an den Schulpsychologen weitergeleitet, der wiederum den Nachteilserlass nach seinem Ermessen ausstellt und diesen an die Schule weitergibt. Erst dann ist das Kind von der Benotung befreit.

Tipp: Klären Sie vorher die Kosten des Gutachtens (= Zusammenfassung des Ergebnisses der Testung). Krankenkassen sind zur Übernahme des Gutachtens nicht verpflichtet, zahlen aber meist die Testung. Schulen oder städtische Schulberatungen bieten oft kostenlose Testungen an.

Manche Psychologen erstellen gleich nach dem Rechtschreibtest, mit dem sie beginnen, ein erstes Kurzergebnis, sodass bei einem erfolgreichen Rechtschreibtest (mit zu wenigen Fehlern für einen Legastheniker) auf weitere Tests und Kosten verzichtet werden kann.

Sollte die Legasthenie positiv getestet worden sein, so entfällt ab diesem Zeitpunkt die Bewertung der Rechtschreibung und das Zeugnis bekommt folgende Zusatzbewertung:

„Die (Lese- und) Rechtschreibleistungen wurden nicht bewertet." Der neue Legasthenieerlass von 2016 lässt die Begründung, warum die Rechtschreibleistung nicht bewertet wurde, entfallen.

Bei den verschiedenen Maßnahmen ist dabei zwischen sogenanntem Notenschutz und Nachteilsausgleich zu unterscheiden. Beim Notenschutz kommt es zu einer unterschiedlichen Leistungsbewertung. Er führt zu einer Privilegierung gegenüber anderen Schülern. Im Zeugnis ist daher auf die unterschiedlichen Maßstäbe bei der Benotung hinzuweisen. Ein Rechtsanspruch auf Notenschutz besteht dabei nicht. Der Nachteilsausgleich gilt, anders als der Notenschutz, nicht als Privilegierung. Bei diesem erhalten Schüler Hilfe wie eine Schreibzeitverlängerung, leichter lesbare Texte bzw. dürfen sie Hilfsmittel wie einen Computer nutzen.

Der Nachteilsausgleich soll vielmehr dafür sorgen, dass alle Schüler vergleichbare Chancen haben, ihre Leistung zu erbringen. Die Bewertung bleibt dagegen gleich. Dementsprechend darf das Zeugnis nicht auf einen gewährten Nachteilsausgleich hinweisen.

In der Q11 muss sich der Schüler normalerweise entscheiden, ob er einen Notenschutz bis zum Abitur in Anspruch nehmen möchte, mit der Folge, dass dieser auch im Abiturzeugnis vermerkt wird. Gegen diesen Vermerk haben drei Schüler aus Bayern geklagt und in erster Instanz Recht erhalten. Das Urteil hielt aber der Revision nicht stand und der Vermerk bleibt weiterhin rechtmäßig (BVerwG6 C 33.14).

Förderungsmöglichkeiten, Adressen von Therapeuten und andere Tipps finden sich beim Verband für Legasthenie und Dyskalkulie (info@legasthenie-bayern.de, www.dyslexia.com, www.legasthenieverband.org, www.visuelles-lernen.com oder schreiben Sie mir eine E-Mail: miriamreichel@schulproben-bayern.de).

2   Wie übt man am besten für Diktate?

Selbstverständlich kann man sich einfach hinsetzen, dem Kind einen Text diktieren und dann die Fehler korrigieren - aber ist das so sinnvoll?
Welche Voraussetzungen erwähnen Profis immer wieder, wenn es um das Einüben der Rechtschreibung geht?

Wenn Sie mit Ihren Kindern Diktat üben, ist es besonders wichtig, danach die Fehler zu besprechen, um herauszufinden, aus welchem Grund diese gemacht wurden. Findet man die Ursache heraus, so kann man dadurch eine Verbesserung erreichen. Manchmal hören oder sehen Kinder schlecht und es ist einem vorher noch nie aufgefallen. Bestimmte Situationen können zu Stress führen und dadurch entstehen Fehler (z. B. Lärm) oder aber Eselsbrücken oder Rechtschreibregeln wurden nicht verstanden und/oder werden falsch angewendet.

Auch müssen wir uns selbst beobachten, wenn wir mit unseren Kindern Diktate üben. Oft zeigen wir ihnen durch unsere Mimik, ob Wörter richtig oder falsch geschrieben sind. Sie achten dann mehr auf uns, als auf das Wort selbst. Ohne unsere Anwesenheit können sie die Wörter nicht mehr richtig schreiben. Wir Eltern müssen uns also darauf konzentrieren, dass wir **keine** indirekte Hilfestellung leisten.
Nicht selten sind unsere Kinder in der Schule schlechter als zu Hause. Das hat unter anderem etwas damit zu tun, dass es in den Klassen lauter ist und die Schüler einem größeren Stress ausgesetzt sind.

Viele verfügen über ein ausgeprägtes Kurzzeitgedächtnis und können Wörter beim Üben oft hervorragend wiedergeben, was ihnen einen Tag später in der Schule jedoch schwerfällt.

Als Eltern sollte man bemüht sein, Diktate in einer angemessenen Geschwindigkeit zu diktieren. Oft lässt man seinen Kindern zu Hause mehr Zeit.

Es ist sinnvoll, sein Kind zu fragen, wie der Lehrer diktiert, und es ihm nachzuahmen.

Falls es in der Schule gestresst ist, sollte man herausfinden, woran es liegt, um ihm dann zur nötigen Sicherheit zu verhelfen, indem man die Situation nachstellt und den Verlauf des Diktates genauso gestaltet, wie in der Schule. Damit bekommt Ihr Kind das Selbstvertrauen, das es braucht.

Wie übt man optimal für ein Diktat?

Es ist zweckmäßig, die Lernzeit mit Ihrem Sohn oder Ihrer Tochter auszumachen und festzulegen.

Üben Sie zuerst die Lernwörter und diktieren Sie diese dann in einem kompletten Diktat.

Versuchen Sie, den Ablauf genau so zu gestalten, wie in der Schule.

Probieren Sie, die Zeit wann Sie ein Diktat üben so einzuteilen, dass Ihr Kind davor genug Zeit zum Spielen hatte.

Da es für ein Kind langweilig und anstrengend ist, ein Diktat zu schreiben, ist es wichtig, dass es sich vorher auf seine Art beschäftigt hat.

Es ist extrem schwierig, mit einem Unwilligen zu lernen. Versuchen Sie daher, die Übungssituation so angenehm wie möglich zu gestalten.

Dazu gehören allerdings keine Süßigkeiten oder Süßgetränke. Diese mindern dauerhaft die Konzentration.

Insgesamt sollten Sie auf eine ausgewogene Ernährung achten und auch dafür sorgen, dass Ihr Kind genügend schläft. In der Grundschule sollte Ihr Sprössling spätestens um 8:00 Uhr im Bett liegen.

Vergessen Sie nicht, Ihr Kind zu belohnen. Die Belohnung sollte erfolgsunabhängig stattfinden.

Auch wenn es Eltern manchmal nicht leicht gemacht wird, dürfen Sie nicht vergessen, Ihr Kind zu loben. Auch hier sollte es gleichgültig sein, wie fehlerhaft das Diktat war. Positive Verstärkung bewirkt Wunder.

Sie können den Lernwillen des Kindes loben, wie auch dessen Bereitschaft, gut aufzupassen bzw. das Diktat zu schreiben. Auch kleine Abschnitte im Diktat, die weniger Fehler enthalten, sind lobenswert.

Beim Üben eines Diktates ist es wichtig, dass das Diktat nicht auswendig gelernt wird, sondern die Rechtschreibung erlernt wird. Um diese zu erlernen, ist es von Vorteil, ein ordentliches Schriftbild zu haben. Dies ermöglicht vor allem das Erkennen von Fehlern und erleichtert damit die Korrektur.

Das Suchen nach Fehlern im eigenen Diktat ist ein sehr wertvolles Hilfsmittel.

Wichtig ist es auch, dass Sie die Fehler korrigieren und dann Ihr Kind das Wort mehrfach schreiben lassen.

Auch sollten Sie nicht mit der Arbeitszeit überfordern. Es ist besser, Sie üben zwei kurze Diktate am Tag, als einmal ein langes.

Eine wichtige Übung kann auch sein, die Worte in den einzelnen Silben lesen zu lassen. Wenn Schüler lernen, im Kopf die Worte in die einzelnen Silben aufzuteilen, tun sie sich mit der Rechtschreibung sehr viel leichter.

Halten Sie folgende Regeln ein, wenn Sie zusammenarbeiten:

- Ordentlicher Arbeitstisch!
- Falls man feste Übungszeiten verabredet hat, sollte man diese auch einhalten.
- Sollten Sie den Text kennen, der für das Diktat geübt werden muss, es also ein angesagter Text ist:
  1. Den Text langsam und genau lesen.
  2. Wörter, die schwierig sind, unterstreichen und herausschreiben.
  3. Überlegen, ob die Schreibweise der Wörter erklärt werden kann: durch Regeln (zum Beispiel: am Satzanfang immer großschreiben), durch Verlängern (zum Beispiel: das Reh – die Rehe, dann hört man das h), durch verwandte Wörter (zum Beispiel: die Schublade – schieben, also mit b).
- Eine weitere Übung wäre einzelne Worte und deren Silben zu klatschen. Oder aber einen Ball nach jeder Silbe hochzuwerfen. Danach wird das Wort geschrieben.
- Das Wort kann auch in zwei Farben geschrieben werden, wobei die Farbe nach jeder Silbe gewechselt wird. Beispiel: To-ma-te (rot-grün-rot).

3   Rechtschreibübungen und Legasthenie

Bei der Legasthenie handelt es sich um eine isolierte Lernstörung, die bei 2 - 5% aller Kinder eines Jahrgangs auftritt. Sie sind trotz häuslicher Betreuung und guter Begabung nicht in der Lage, mit den normalen Unterrichtsmethoden eine ausreichende Rechtschreibleistung zu liefern.

Eltern müssen oft feststellen, dass viel Üben nicht den erwünschten Erfolg bringt. Trotz des Übens werden Worte verstümmelt, Buchstaben ausgelassen oder aber vertauscht.

Auch wenn der Lehrer oft unter die Aufgaben schreibt: „Du musst mehr üben!", ist es sehr wichtig, auch richtig zu üben und nicht zu viel. Die Rechtschreibfähigkeit eines Legasthenikers wird durch viel Üben nicht besser.

Das Kind kann sich in einer permanenten Überforderung befinden. Diese kann zu Angstausbrüchen oder Stress führen.

Solche Zustände können auch gesundheitliche Schäden mit sich bringen.

Die Fehler beruhen oft auf einer Verwechslung von Buchstaben und dem Nicht-trennen-können von Silben. Ähnlich aussehende Buchstaben werden oft vertauscht.

B und P wird gerne verwechselt oder auch U und O oder aber T und D.

- So wird aus Wal**d** oft Wal**t**.
- Sie schreiben un**t** anstatt un**d**.
- Oder Europa mit **b** anstatt **p**.
- Aus **Ort** kann auch **Tor** werden.

Eltern sind vielfach verunsichert, wenn Kinder teilweise Worte richtig und später wieder falsch schreiben. Da sie oft raten, welche Buchstaben zum Wort gehören, liegen sie auch manchmal richtig.

Einige Menschen entwickeln auch ihre eigenen Symbole, um dem Dilemma zu entrinnen. Oft werden dabei Buchstaben aus unerklärlichen Gründen zwischen zwei Worte gestellt. Dies kann ein eindeutiges Zeichen für eine bestehende Legasthenie sein.

Das Schriftbild eines Legasthenikers ist oft schwer zu entziffern. Gerne werden auch Buchstaben verschmiert. Dies liegt zum einen daran, dass der Legastheniker seine Unfähigkeit zu einer korrekten Rechtschreibung verschleiert. Andererseits steht er bei Diktaten unter Druck - und eine schöne Schrift verträgt sich meist nicht mit Stress. Häufig werden Wörter verbessert oder durchgestrichen. Oft geht die Legasthenie mit der Dysgraphie einher.

Manche Legastheniker überspringen gerne Zeilen; oder drehen ihre Hefte oder Blätter um und beginnen in der entgegengesetzten Richtung von vorne. All dies ist in einer Aufmerksamkeitsspaltung begründet. Dem Legastheniker gelingt es nicht, schön zu schreiben und gleichzeitig ein Wort richtig zu verschriften.

Eltern und Lehrer sollten die Anzeichen der Legasthenie kennen und auch nicht unterschätzen.

Eine Diagnose ist notwendig, um dem Kind zu helfen.

Eine Legasthenie kann nicht durch stundenlanges Üben ausgeglichen werden.

Die Schule und die Lehrer können dem Legastheniker nur sehr bedingt helfen. Überfüllte Klassenzimmer, ein sehr umfangreicher Lernstoff und zu wenig Zeit machen es dem Lehrer fast unmöglich. Ein Legastheniker denkt auf eine ganz andere Art und Weise.

Klar strukturierte Lernmaterialien sind notwendig und können den Kindern zum nötigen Erfolg verhelfen.

Lehrer und Eltern können dem Legastheniker helfen, Regel-Fehler zu verbessern. Diese unterscheiden sich von Legasthenie-Fehlern und können oft durch pädagogische Fördermaßnahmen erlernt werden.

Durch die Pubertät kann sich die Legasthenie stabilisieren und die Fehler reduzieren sich. Hier besteht eine große Chance, dass Teenager in einer später erlernten Sprache deutlich besser und fehlerfreier schreiben, als in ihrer eigenen. Trotzdem ist es besonders wichtig, die Kinder schon vor der Pubertät zu fördern und nicht abzuwarten, ob sich das Problem von selbst löst. Oft haben Legastheniker schon so viele Misserfolge erleiden müssen, dass eine normale Schullaufbahn für sie kaum mehr möglich ist.

Das Erlernen von Lesen und Schreiben ist nicht nur durch Intelligenz und Fleiß beeinflusst, sondern auch vom inneren Wahrnehmungsvermögen. Es handelt sich um einen komplizierten neurologischen Vorgang, der durch einfaches Üben nicht verbessert werden kann.

Zum Erlernen von Lesen und Schreiben müssen optische und akustische Signale verknüpft werden. Da dieser Vorgang beim Legastheniker gestört ist, muss er durch eine spezielle psychologische Betreuung eingeübt werden. Diese Reifungsstörungen können auch mit körperlichen Anzeichen einhergehen. Oft haben Legastheniker einen späteren Zahnwechsel als andere Kinder. Auch Wachstumsschübe können später eintreten als bei Nicht-Legasthenikern.

Dabei sind sie in ihrer intellektuellen Entwicklung sowie ihrer körperlichen Gewandtheit eher ihrem Alter voraus. Legastheniker sind oft interessierte und fleißige Kinder. Das nicht ordnungsgemäße Verschriften beruht nicht auf Faulheit.

Wichtig ist auch zu differenzieren, ob es sich um eine Leserechtschreibschwäche oder aber um eine Legasthenie handelt. Bei der Legasthenie liegt ein psychologisches und medizinisches Problem vor.

Eine Leserechtschreibschwäche kann auch durch mindere Begabung oder aber ein sozial schwächeres Umfeld entstehen. Eine solche Schwäche kann durch entsprechende Förderung und gezieltes Üben behoben werden.

Die Legasthenie hingegen kann über die Jahre weniger ausgeprägt werden. Legastheniker entwickeln oft Mittel und Wege, um der Rechtschreibung Herr zu werden; die Legasthenie selbst wird sie jedoch in der einen oder anderen Form ein Leben lang begleiten.

Sie kann sich auch in der Form einer Strukturierungsschwäche ausdrücken.

Vielen Legasthenikern fällt es schwer, Struktur in ihren Alltag zu bringen.

Einfache Abläufe können auch dem erwachsenen Legastheniker noch schwerfallen, wie zum Beispiel das simple Hinterfragen weniger Punkte bevor man das Haus verlässt: „Geldbeutel, Schlüssel und Telefon."
Oder als Schulkind: „Jacke, Schulranzen und Schlüssel."

Wie man den Legastheniker optimal fördert ist umstritten. Es gibt zahlreiche Methoden - doch keine ist als eindeutiges Heilmittel belegt.
Eine extrem wichtige Voraussetzung ist aber unstrittig: die Aus- und Weiterbildung von Lehrern und Eltern, um auf diese Weise negative Schul- und Lebensereignisse zu verhindern.
Sollten bei Ihrem Kind in Diktaten die Farbe Rot oder Korrekturen überwiegen, versuchen Sie unbedingt, mit dem Lehrer zu sprechen. Vor allem in den ersten Grundschuljahren ist es durchaus möglich und notwendig, dass die Lehrer positiv bewerten. Sie sollten nicht die Fehler zählen, sondern Vermerke wie: „Du hast schon 20 richtige Wörter!" oder „Du hast heute fünf Wörter mehr richtig geschrieben!" Manche empfehlen auch, bei Problemkindern auf die Farbe Grün überzugehen und dabei positiv zu bewerten. Hierdurch werden die Kinder nicht mehr so sehr entmutigt, weil sie nur noch „Rot" sehen.

Achten Sie bitte darauf, dass Ihr Kind nicht andauernd zusätzliche Rechtschreibübungen machen muss. Ein einfaches 'Nur-mehr-üben' bewirkt bei Kindern mit Legasthenie und/oder Dyskalkulie in der Regel nichts. Diktate sind nicht das Mittel der Wahl. Üben Sie täglich maximal 15 Minuten und halten Sie diese Routine aufrecht. Wichtig ist auch, dass Sie Ihr Kind immer erst leise lesen lassen und dann erst laut. Geben Sie ihm Zeit.

Die Förderung von Legasthenikern in der Freizeit wird z. B. durch Klavierspielen oder Reiten empfohlen. Ebenso kann Ergotherapie unterstützend wirken.
Für die Förderung der Orientierung ist der Kampfsport Taekwondo sehr zu befürworten. Da hier ganze Bewegungsabfolgen mit Rechts-Links-Hand- und Fußbewegungen mit Drehungen zu absolvieren sind, trainiert das Kinder mit Orientierungsproblemen sehr gut.

3.1   Wie übt man am besten schwierige Wörter oder Lernwörter bei Legasthenie oder LRS:

- Eine gute Möglichkeit besteht darin, die Wörter vorwärts und rückwärts zu buchstabieren.
- Das Abschreiten oder das Klatschen der Silben der einzelnen Wörter kann insbesondere bei einer akustischen oder aber schwachen Legasthenie viel helfen, um die Wortendungen klarer zu erkennen.
- Manche Wörter können abgeleitet werden. So kann man Bäume von Baum ableiten und erkennen, dass es sich um ein ä und nicht ein e handelt.
- Lassen Sie Einzahl und Mehrzahl von Nomen bilden, um so Schwierigkeiten in der Schreibweise zu erkennen.
- Eine weitere Übung besteht darin, zu den Adjektiven die Nomen zu bilden und aufzuschreiben. Oft kann man sich das Wort dann leichter einprägen.
- Eselsbrücken sind sehr gut für Nichtlegastheniker, sonst aber nicht empfehlenswert, da man bei einer Rechtschreibschwäche oft mit den Eselsbrücken nichts anfangen kann. Wenn der Legastheniker z. B. Abendteuer schreibt, hilft es ihm nicht, wenn man ihm sagt, dass es sich nicht um einen Abend handelt, der teuer ist. Das Kind wird sich immer wieder die Frage stellen, ob es sich nun darum handelt oder nicht. Es wird darin keine Logik erkennen. Da es sich dann nicht für d oder t entscheiden kann, wird es beide Buchstaben verwenden.
- Geeigneter sind Sprichwörter wie: „Wer nämlich mit h schreibt, ist dämlich." Sie helfen Ihrem Kind nur dann, wenn das Sprichwort unmissverständlich und nicht interpretierbar ist, ansonsten wird ein Kind mit LRS es auf eine andere Art verstehen, die Sie genauso wenig nachvollziehen können, wie Ihr Kind Ihre Idee.
- Schwere Wörter sollten auf Karteikarten geschrieben und schwierige Stellen farblich markiert werden.
- Halten Sie sich an eine sehr kurze Lernzeit bei Legasthenikern und üben Sie lieber öfter am Tag.

Insgesamt muss aber auch gesagt werden, dass bei einer Legasthenie die Devise: „Üben, üben, üben!" nicht richtig ist, ja sogar falsch. Durch viel Üben und durch verstärkten Druck werden die Kinder entmutigt und nicht besser. Krankheiten sind oft die Folge und die Kinder verändern sich in ihrem Verhalten. Dies kann von scheinbarer Gleichgültigkeit bis hin zur Angeberei, Wut oder Angst reichen.

In den unteren Klassenstufen können geübte Diktate noch besser als ungeübte ausfallen, so dass Eltern dadurch leicht falsche Schlussfolgerungen ziehen. Oft sind die Diktate aber nur auswendig gelernt und die Kinder „malen" den Text ab. Dies hat nichts damit zu tun, dass sie auch tatsächlich wissen, wie die Wörter geschrieben werden. In einem anderen Kontext werden sie wieder Fehler machen.

Manchen Müttern wird vorgeschlagen, dass ihre Kinder das zu übende Diktat bis zu 20 x abschreiben sollen. Auch das wird nichts an der Fähigkeit eines legasthenen Kindes bezüglich der Rechtschreibung verändern.
Ebenso wird oft behauptet, dass man das Schreiben durch das Lesen erlernt, und daher gerade legasthene Kinder viel lesen sollten. Das ist nur bedingt der Fall. Die Lese- und Rechtschreibfähigkeit korreliert nur schwach miteinander. Wortbilder kann man sich nicht besonders lange merken.

Sie dürfen nie vergessen, dass Legasthenie nicht durch Faulheit, mangelnde Intelligenz oder mangelnde Fokussierung entstanden ist. Legastheniker denken auf eine ganz andere Weise als Nicht-Legastheniker.

Die korrekte Rechtschreibung bleibt für viele Jungen und Mädchen auch weit über die Grundschulzeit hinaus noch ein Rätsel, weil ihnen der Zugang über das Hören nicht so recht gelingen will und ein Verständnis für Buchstaben fehlt.

Vielleicht ist die Legasthenie leichter verständlich, wenn man davon ausgeht, dass das Gehirn verschiedene Zentren zur Verarbeitung von Informationen hat. Bei einem Legastheniker wäre in diesem Fall das Lese-Schreib-Zentrum noch nicht weit genug ausgereift, um eine ausreichend intensive Speicherung der Buchstaben zu schaffen. Voraussetzung für ein weiteres Lernen und für Fortschritte wäre folglich erst einmal die Reifung dieses Zentrums. Ist diese Vor-aussetzung nicht geschaffen, so kann es später nicht zu einem fehlerfreien Lesen und Schreiben kommen. Wenn dem legasthenen Kind die Buchstaben an sich schon nicht klar sind, dann kann es demgemäß auch nicht richtig schreiben. Das bedeutet, dass Sie als Eltern mit Ihrem Kind in erster Linie Buchstabenspiele durchführen sollten, um ihm wirklich zu helfen - z. B. Buchstabenmemory (finde den kleinen und großen gleichen Buchstaben), ABC-Spiele etc. Dies sollte durchaus auch geschehen, wenn Ihr Kind bereits im Gymnasium oder an einer weiterführenden Schule ist, um ihm überhaupt die Grundvoraussetzungen zu einem späteren fehlerfreien Schreiben zu schaffen. Die Buchstaben müssen sich weitaus tiefer einprägen, als es Ihnen erscheinen mag. Auch wenn Ihr Kind die Buchstaben kennt, oder vermeintlich kennt, so muss dieses Lese- und Schreibzentrum intensiv aufgefüllt werden, was nicht der Fall ist, wenn eine Lese-Rechtschreibschwäche vorliegt.

Nehmen Sie sich drei bis sechs Monate Zeit und richten Sie ihren Fokus auf die Buchstaben - nicht auf Lernwörter oder Diktate. Machen Sie jegliche Form von Buchstabenspielen. Wichtig sind insbesondere Spiele mit den für Legastheniker oft leicht zu verwechselnden Buchstaben: ao, bp, bd, dp, uo.

Man kann z. B. feststellen, dass Kleinkinder, die aufgrund erblicher Veranlagung eine Legasthenie haben könnten, sich später – auch wenn sie tatsächlich Legastheniker sind – deutlich einfacher tun, wenn sie bereits im Kleinkindalter viele Buchstabenspiele gemacht haben. Es ist dabei gleichgültig, ob diese Kleinkinder Buchstaben ausmalen, tanzen, in Sand malen, Memory spielen oder sich auf andere Weise den Buchstaben spielerisch annähern. Im Kleinkindalter erwartet auch niemand, dass das Kind zu lesen beginnt; und so kann sich das Kind mit den Buchstaben stressfrei und spielerisch anfreunden und als Legastheniker einen klaren Vorteil haben.

Kinder mit Leserechtschreibschwierigkeiten aufgrund einer auditiven Wahrnehmungsschwäche sind nicht dumm und kennen die entsprechenden Regeln meist sehr genau. Ihre Schwierigkeiten liegen in einem ganz anderen Bereich, denn sie sind auf einer früheren Stufe des Schriftspracherwerbs stehengeblieben. Diese frühe Stufe können Sie bei einer familiären Veranlagung schon im Kleinkindalter fördern, oder aber im Nachhinein vertiefen.

Legasthenikern gelingt es nicht, jeden gehörten Laut sicher und schnell einem Buchstaben oder einer Buchstabenverbindung zuzuordnen. Die Laute können oft nicht identifiziert werden und nicht eindeutig einem Buchstaben zugeordnet werden. Gerade die oben genannten leicht zu verwechselnden Buchstaben machen den Kindern hierbei Probleme.

Daher sollte es als Eltern Ihr Ziel sein, erst einmal die Voraussetzung für richtiges Schreiben bei Ihrem Kind zu schaffen. Wenn möglich sollten Sie dies einem Profi übergeben und nicht einem Nachhilfelehrer.

Lassen Sie Ihr Kind frei schreiben und geben Sie ihm ein einfaches Wörterbuch zur Hilfe. Kritisieren Sie Ihr Kind nur dann, wenn es die Kritik zulässt und vorher gefragt wurde.

Loben sie Ihr Kind! Es möchte mit Sicherheit gern richtig schreiben können und Ihr Lob wird es in seinen Bemühungen stärken und beflügeln.

4 Rechtschreibung

4.1 Tipps zur Rechtschreibung

Neben Lesen und Kopfrechnen gehört die Rechtschreibung zu den wichtigsten Fertigkeiten, die in der Grundschule vermittelt werden sollen. Im Rahmen von Diktaten wird die Rechtschreibung überprüft. Ab der 3. Jahrgangsstufe fließen Rechtschreibfehler auch bei Aufsätzen mit in die Note ein. Selbst in Mathematik und HSU müssen Fachbegriffe richtig geschrieben werden, sonst gibt es Punktabzüge.

In der Schule werden die Wörter oft aufgeteilt in:

Mitsprechwörter, Nachdenkwörter und Merkwörter

Mitsprechwörter

Von Mitsprechwörtern sprechen wir, wenn es sich um Wörter handelt, die genauso geschrieben werden, wie sie gesprochen werden.

Beispiele: die **Ananas**, die **Banane**, der **Salat**, **rot**, **blau**.

Wenn du dir nicht sicher bist, sprich die Wörter genau und deutlich aus und höre gut hin. Manchmal hilft es auch, die Wörter in den Plural zu setzen.

Beispiel:

Der Wald oder Walt → du bist unsicher - wie lautet der Plural? → die Wälder

➔ Im Plural kannst du das „d" genau hören.

Nachdenkwörter

Viele Wörter kannst du durch kurzes Nachdenken richtig schreiben. Wir nennen sie Nachdenkwörter. Mit bestimmten Tipps und Tricks (Rechtschreibstrategien) kannst du schnell herausfinden, was bei einer „Stolperfalle" zu tun ist. In den nächsten Kapiteln gehen wir auf die verschiedenen Rechtschreibstrategien ein. Wenn du versuchst, dir diese mit der Zeit einzuprägen und zu üben, sollte die Rechtschreibung für dich kein Problem darstellen.

Merkwörter

Natürlich gibt es auch Wörter, die man sich einfach merken muss. Häufig handelt es sich hierbei um Fremdwörter, die ihren Ursprung in anderen Sprachen haben.

Auslassungsfehler:
Eine der häufigsten Fehler sind Auslassungsfehler, die durch regelmäßige Übung und Konzentration zu vermeiden sind: eine statt eine<u>n/r</u>, nich statt nich<u>t</u>, Qark oder Quak statt Qua<u>rk</u>, wolln statt woll<u>en</u>.

Wir versuchen einige Schwerpunkte in punkto Rechtschreibung in diesem Kapitel aufzuzeigen und zusammenzufassen. Lass die Übungen bitte von deinen Eltern oder älteren Geschwistern kontrollieren. Solltest du Probleme haben, darfst du uns auch gerne eine EMAIL schreiben an: <u>kontakt@mamis-verlag.de</u>.

Wenn du merkst, dass es dir sehr schwerfällt, dir manche Wörter zu merken, schreibe dir diese auf Karteikarten, die du dir regelmäßig ansiehst, oder auf kleine Merkzettel, die du gut sichtbar in deinem Zimmer verteilst, so dass du sie immer wieder vor Augen hast und mit der Zeit einprägst.

4.2 Regeln zur Großschreibung und Kleinschreibung

Großgeschrieben werden im Deutschen immer der <u>Satzanfang</u>, <u>Eigennamen</u> und <u>Namenwörter</u> (Nomen/Nomina). **Alles andere wird kleingeschrieben.**
Beispiel: Nina erklärt: „Nachts ist der Supermarkt in München geschlossen."

Eigenname	Satzanfang	Namenwort	Eigenname

Ein Nomen erkennst du gut an speziellen Endungen:

> -ung, -heit, -keit, -schaft, -tum, -nis, -sal, -ling, -lein, -chen, -sel, -tion

Beispiele: Lös**ung**, Gesund**heit**, Eitel**keit**, Meister**schaft**, Reich**tum**, Kennt**nis**, Schick**sal**, Feig**ling**, Männ**lein**, Mäd**chen**, Pin**sel**, Produk**tion**

Du kannst die Nomina auch erkennen, wenn bestimmte Signale vorausgehen:
- <u>ein bestimmter</u> oder <u>unbestimmter Artikel</u> → <u>die</u> Mauer, <u>das</u> Bad, <u>ein</u> Eimer
- <u>ein versteckter Artikel</u> → <u>beim</u> (bei **dem**) Schwimmen, <u>im</u> (in **dem**) Kaufhaus, <u>ans</u> (an **das**) Auto)
- <u>besitzanzeigendes Pronomen</u> → <u>unser</u> Haus
- <u>ein Zahlwort</u> → <u>drei</u> Nächte, <u>zwei</u> Tage
- <u>ein Adjektiv</u> → <u>schöne</u> Ferien, <u>duftende</u> Blumen

Großschreibung nach dem Doppelpunkt:

Nach dem Doppelpunkt schreibt man **groß**, wenn <u>ein</u> **ganzer Satz** folgt.

Beispiel:

Die Hinweistafel besagt: **A**lle Hunde müssen an einer Leine geführt werden.

Nach dem Doppelpunkt schreibt man **klein**, wenn <u>kein</u> ganzer Satz folgt.

Beispiel: Zum Kuchen fehlte noch: **die** frische Sahne.
            Familienstand: ledig

4.3 Zusammenfassung von Regeln

Versuche, dir die lateinischen Fachbegriffe so früh wie möglich einzuprägen!

MERKE:

> **Groß**geschrieben werden grob gesagt nur **Nomen** (Namenwörter), **Eigennamen** und **Satzanfänge**. <u>Alles andere schreibst du klein.</u>

- ❖ **Nomen** (Namenwörter) schreibst du immer mit einem **großen Anfangsbuch-staben**. Du kannst sie an ihren Begleitern erkennen. Diese lauten in der <u>Ein-zahl</u> **der**, **die** oder **das**, in der <u>Mehrzahl</u> <u>immer</u> **die**.
  Beispiele: der Mann - **die** Männer
                das Boot - **die** Boote
                die Maus - **die** Mäuse

- ❖ **Eigennamen** werden **immer** großgeschrieben und stehen alleine; sie haben in der Regel **keinen** <u>Begleiter</u>.
  Beispiele: Paul, Christa, Nürnberg, Regensburg, Italien, Monopoly
            Wollen wir <u>Monopoly</u> spielen?
            Wo ist <u>Paul</u>?
            Wann fahren wir nach <u>Regensburg</u>?

- ❖ **Verben** (Tunwörter) beschreiben was Menschen, Tiere oder Dinge **tun** kön-nen.
  Beispiele: Ich gehe <u>schlafen.</u> Ich <u>schwimme</u> gerne. Der Hund <u>bellt</u>.

- ❖ **Adjektive** (Wiewörter) beschreiben Menschen, Tiere oder Dinge näher und werden **kleingeschrieben**.
  Beispiele: das **h**übsche Mädchen, der **s**tarke Junge

❖ Steht vor dem **Verb** (Tunwort) der Artikel *das* oder *beim, im, vom* oder *zum*, wird das Verb zu einem **substantivierten Verb** und du schreibst es mit einem großen Anfangsbuchstaben.
Beispiele: das Malen, **beim** Spielen, **zum** Turnen, **beim** Essen

❖ Nach einem **kurzen, betonten Vokal** (Selbstlaut) schreibst du den nachfolgenden **Konsonanten** (Mitlaut) **doppelt**.
Ausnahmen: *kk* wird zu *ck* und *zz* wird zu *tz*.
Vergleiche:

kurzer Vokal	langer Vokal
Essen	Esel
lassen	(sie) lasen
Kamm	(er) kam (nach Hause)
fressen	(der) Fraß

❖ **d/t, g/k und b/p am Wortende**

Bei Wörtern, die auf **d/t, g/k und b/p** enden, hörst du vielleicht den Buchstaben nicht immer genau heraus. Handelt es sich um Namenwörter (Nomen), erkennst du den letzten Buchstaben, wenn du die Mehrzahl (Plural) dieses Wortes bildest. Spreche die Beispiele sowohl in der Einzahl als auch in der Mehrzahl **betont** aus, um den Unterschied zu hören.

Beispiele: Wand → Wän-de; Burg → Bur-gen; Stab → Stä-be

Bei **Adjektiven** (Wiewörtern) erkennst du den korrekten Buchstaben, indem du diesen vor ein Namenwort setzt und damit verlängerst.

Beispiele: kalt - das kalte Wasser; flink – mit flinken Fingern; geizig - der geizige Mann

❖ Steht vor einem Adjektiv eine <u>unbestimmte</u> Mengenangabe (viel, wenig, nichts, etwas), dann wird das **Adjektiv substantiviert** und damit großgeschrieben.
Beispiele: **etwas** Süßes, **wenig** Saures, **nichts** Fettes, **etwas** Kleines, **nichts** Gutes

❖ **Zeitangaben werden großgeschrieben**, wenn **ein Artikel** davorsteht.

   Beispiele: der Vormittag, am (an **dem)** Nachmittag, a**m A**bend

❖ **Zeitangaben werden kleingeschrieben**, wenn **kein Artikel** davorsteht oder ein *„s' angehängt* ist.

   Beispiele: abend**s**, morgen**s**, nacht**s**, früh, spät, morgen, gestern, übermorgen

Übung: Zeige was du gelernt hast; setze die Wörter richtig ein!

Die Schule fängt _____ (MORGENS) um 8:00 Uhr an. Nach dem

_____ (LERNEN) spiele ich am _____ (NACHMITTAG)

mit meinen Freunden. Ich muss _____ (ABENDS) zuhause sein,

bevor es dunkel wird. Der Sportunterricht fällt _____ (ÜBERMORGEN)

leider aus, da die Lehrerin _____ (GANZTAGS) auf Schulung

ist. An Halloween gibt es viel _____ (SÜßES) und wenig

_____ (SAURES). Das _____ (SAMMELN) von

Süßigkeiten macht mir großen Spaß. Aber zu viel _____ (SÜßES) ist

schlecht für die Zähne!

4.4 Lernwörter mit ä, äu

„e" und „ä" klingen sehr ähnlich, so wie auch „eu" und „äu" fast gleich klingen. Wörter, in denen du diese Laute hörst, die kein ähnliches Wort mit „a" oder „au" haben, schreibst du mit „e" oder „eu". Du schreibst ein Wort nur mit *ä* oder *äu*, wenn es ein verwandtes Wort mit *a* oder *au* gibt:
Vergleiche: **kaufen - Käufer** ←→ Beule, heulen.

Lerne vor dem Diktat die Regeln auswendig.

Regeln:

> ➢ Leite das Wort ab: die Schäden – der Schaden
>   häufig - Haufen
> ➢ Kann man das Wort nicht auf ein verwandtes Wort ableiten, dann schreibt man es <u>meist</u> mit **e / eu** (fehlen, Teufel aber Taufe - Täufling).

Beispiele:

Mäppchen, Schnäppchen, quälen, nähen, erklären, gefährlich, ängstlich, säubern, Gebäude, schäumen, läuten, Geräusch, Verkäufer, Äpfel, Kästchen, Verräter, täglich, kläglich, Zäune, Häuser, Mäuse, Läuse

Übung: Schreibe die passenden Wörter auf, von denen die obenstehenden Wörter abgeleitet wurden: Mäppchen - Mappe

_____

_____

_____

_____

_____

_____

(Lösung: Kapitel 10.1)

Übung: Überlege, ob du ein „eu" oder ein „äu" einsetzen musst. Falls es ein „äu" ist, schreibe das verwandte Wort mit au daneben!

L____fer   _____

Str____ße   _____

Z___ne   _____

L___te   _____

Fr____de   _____

H____ser   _____

Tr____mer   _____

L____chter   _____

M____te   _____

(Lösung: Kapitel 10.1)

4.5 Lernwörter mit ss oder ß:

Regeln:

> ➤ Nach einem <u>kurzen Vokal</u> steht **ss**.
> ➤ Nach einem <u>lang gesprochenen Vokal</u> schreibst du ß.

Folgende Wörter werden gerne in einem Lernwörterdiktat zum Thema ‚ß' oder ‚ss'
verwendet: (Lass dir immer wieder ein paar Wörter diktieren oder schreibe sie
dir auf Karteikarten).

Abschluss, Abfluss, (der) Biss, Gebiss, bissig, fließen, floss (Vergangenheit),
Floß, Riss, reißen, beißen, schließen, Gruß, grüßen, gießen, Schloss, Schoß, Pässe,
goss, vergaß, Schlüssel, Grüße, Fuß, Füße, büßen, außen, draußen, Strauß, süß,
Fluss, Flüsse, Straße, Spaß, spaßig, Stoß, Fleiß, fleißig, schießen, Messer, Fass,
Nüsse, Tasse, Sessel, Kasse, Rüssel, Genuss, Kuss, Schuss, Kissen, Gewissen,
sprießen, genießen, essen, essbar, Kasse, Klasse, Rassel, spießig...

Übung:
Versuche nun die obenstehenden Wörter unter die Rubriken Namenwörter (Nomen), Tunwörter (Verben) und Wiewörter (Adjektive) einzuordnen:

<u>Verben:</u>

_____

_____

_____

_____

<u>Adjektive / Adverbien:</u>

_____

_____

_____

<u>Nomen:</u>

_____

_____

_____

4.6 Lernwörter mit ck

Ob ein Wort mit einem „k" oder einem „ck" geschrieben wird, kannst du leider nicht hören, aber es gilt:

Nach einem kurzen, betonten Selbstlaut (Vokal) steht **ck**.

Ausnahmen sind Fremdwörter, da es in vielen Sprachen kein **ck** gibt.
Beispiele: Doktor, Direktor, praktisch

Achtung:

Ein **ck** darf nicht getrennt werden. Du trennst entweder vor oder nach dem ck.
Siehe: Flo -cken, ba -cken, lo- cken oder glück –lich, schreck -lich

Folgende Wörter kommen gerne in einem Lernwörterdiktat zum Thema ck vor:

Frühstück, Flocken, nicken, schicken, blicken, schmecken, locker, Bäcker, backen, packen, Speck, Strick, stricken, glücklich, spicken, wecken, lecken, lecker, schreckhaft, schrecklich, Trick, Blick, trocken, Hecke, Decke, Wecker, Picknick, Flecken, dick

Übung:
Versuche nun die obenstehenden Wörter unter die Rubriken Nomen (Namenwörter), Verben (Tunwörter) und Adjektive (Wiewörter) einzuordnen!
Versuche, dir die lateinischen Begriffe so früh wie möglich zu verinnerlichen!
<u>Verben:</u>

_____

_____

_____

<u>Adjektive:</u>

_____

_____

<u>Nomen:</u>

_____

_____

4.7 Wörter mit x, chs und cks

Wörter mit **x, chs, cks** klingen gleich - nämlich wie ks – wie bei sechs, Klecks oder Hexe.

Versuche, dir diese Wörter einfach einzuprägen, indem du sie einmal abschreibst.

Wörter, mit denen du immer wieder Probleme hast, kannst du auf Karteikarten schreiben und immer wieder anschauen.

Hexe, Luchs, Fuchs, Axt, sechs, Eidechse, Büchse, Lachs, Boxer, Ochse, Taxi, Text, Dachs, nächsten, fix, verflixt, mixen, Lexikon, Wachstum, wechseln, Knacks, Klecks, wachsen, Nixe, Boxidol, verhexe, maximal, exakt, abschrecken...

_____

_____

_____

_____

_____

_____

Übung:

Setze richtig ein x, chs, cks:

Nina we____elt ihre Kleidung für den Ausflug. Mit einem Ke____ in der Hand trifft sie im Märchenwald auf zwei Fü____e und einen Da____. Lin____ neben dem He____enhäuschen sitzt Hänsel im Käfig und neben ihm steht ein riesiger O____e. Linus holt sein Le____ikon aus dem Ru____ack und liest alles über das Wa____tum der Waldtiere. Bald schließt der Märchenwald und alle fahren fi____ nach Hause. Marie liest ein trauriges Buch und bricht in Tränen aus. Auf dem Te____t entstehen einige Kle____e. Am Abend mi____en wir uns Getränke, feiern ein Fest und machen großen Lärm. Am nä____ten Tag sammeln wir alle Flaschen und Bü____en wieder auf.

(Lösung: Kapitel 10.1)

4.8 Wörter mit f oder v

Um „f" oder „v" auseinanderzuhalten gibt es keine Regeln, du musst es einfach lernen. In den meisten Wörtern wird der „f"-Laut auch mit einem „f" geschrieben.
Beispiele: Flugzeug, fahren, Freitag, fertig, Schlaf

Es gibt aber auch zahlreiche Wörter die „f" gesprochen werden, jedoch mit „v" geschrieben werden. **Beispiele:** Vogel, Vater, voll, vor

Vorsilben hingegen, die mit „f" gesprochen werden, werden immer mit „v" geschrieben: „ver-" oder „vor-":

Beispiele: verschenken, **versehen, verstehen, verpassen, vergessen**
das **Vorsehen**, das **Vorhaben**, der **Vorrat**, der **Vorhang, vorwärts**

Übung: Setze den richtigen Buchstaben ein – „V/v" oder „F/f"!

E___a und ihr bester ___reund ___ritz sind ___iel zusammen. ___ast jeden Tag tre___en sie sich. Sie üben ___ür das Theaterstück am ___reitag – „Das ___lie-gende P___erd". Zum Tag der o___enen Tür ___indet ein großes ___est statt. Das Theaterstück hat die ___ierte Klasse selbst ___erfasst. Sie hatten ___iele Ein___älle, jeder musste seine Idee vortragen. Es ___iel der Klasse nicht leicht, sich ___ür das per___ekte Stück zu entscheiden. Au___ jeden ___all ___reuen sich schon alle auf die ___eier. Als ___ater nach Hause kommt, hat er ___erges-sen, dass die Kinder mit ihm ___orgestern schon ___ereinbart hatten, dass sie ___orhaben im Wohnzimmer zu üben. ___olglich zieht sich Papa zum ___ußball in den Keller zurück.

(Lösung: Kapitel 10.1)

4.9 Wörter mit qu

Qualm, Quelle, quälen, Quadrat, quadratisch, Quiz, Qualle, Aquarium, quer, Quatsch, Quark, Kaulquappe, quaken, Qualität, quengeln

Übung:
Lies dir die Wörter genau durch und versuche dann fünf Wörter, die du dir ge-merkt hast, aufzuschreiben. Wenn du noch sehr viele Fehler machst, wiederhole die Übung am nächsten Tag.

4.10 Wörter mit tz

Regeln:

- Nach einem kurz gesprochenen Vokal (a, e, i, o, u) folgt oft *tz*.
- Nach langem Vokal (ei, eu und ie) steht z .
- Nach l, m, n, und r steht nie tz.

Katze, flitzen, blitzen, kitzeln, spitzen, Spitzer, Blitz, Schmutz, kratzen, Spatz, Klotz, Satz, kritzeln, Spritze, spritzen, Vorsitz, sitzen, Mütze, Pfütze...

Merke:

Nach l, m, n, r, das merke ja,
steht nie tz und nie ck.

Beispiele:

Tanz, Franz, Schwanz, Kranz, Balz, stolz, Holz, Schmalz, kurz, schwarz, Umzug

Versuche passende Reimwörter zu finden. Achte darauf, ob du ein „z" oder „tz" schreibst:

Tanz	K_____
Fratze	G_____
Sitz	W_____
Platz	S_____
Fetzen	s_____
Weizen	h_____
Sturz	Pf_____
Fritz	Bl_____
Tatze	K_____
schwitzen	s_____

(Lösung: Kapitel 10.1)

4.11 Wörter mit doppelten Selbstlauten

Doppelte Selbstlaute (aa, ee, oo) sprichst du immer lang. Diese Wörter musst du einfach lernen. Lies die Wörter bitte laut und deutlich. Versuche dabei zu erkennen, dass die doppelten Selbstlaute lang gesprochen werden.

Beispiele:

Saal, Aal, Haar, Fee, See, Tee, Klee, Beet, Schnee, Meer, Idee, Teer, Beeren, Zoo, Moor, Boot, Waage, Shampoo, Tee, Seele, Armee, cool, doof, Kaffee, Saat

4.12 Wörter mit doppelten Mitlauten

Es gibt viele Wörter mit einem doppelten Mitlaut (Konsonanten), wie zum Beispiel **Ket**te, **Tep**pich, **Rit**ter. Der Selbstlaut (Vokal), der vor dem Konsonanten steht, wird immer **kurz gesprochen**. Generell musst du versuchen, immer deutlich zu sprechen und aufmerksam zuzuhören, dann tust du dich leichter in der Rechtschreibung. Du erkennst den doppelten Mitlaut in der Mitte eines Wortes, wenn du die Wörter in Silben trennst, denn dann hörst du den Mitlaut doppelt: z. B. Koffer, krab-beln, ret-ten). Steht der doppelte Konsonant am Wortende, dann musst du das Wort verlängern und anschließend in Silben aufteilen:
Beispiel: still → stil-ler, fett – fet-ter, mu**ss** - mü**s**-sen, Blatt – Blät-ter.
Lies die Wörter bitte laut und versuche zu erkennen, dass der Selbstlaut kurz gesprochen wird.

Beispiele:

Bett, fett, nett, Wette, Kette, hell, Fell, schnell, Wetter, Watte, Latte, hatte, Matte, klettern, Ratte, Staffel, Wasser, Klasse, Falle, fallen, Tipp, Mitte, Bitte, bitter, Mittwoch, Mutter, Butter, Futter, Tonne, Donner, Donnerstag

Benenne nachstehende Gegenstände:

_____

_____

(Lösung: Kapitel 10.1)

5 Rechtschreibtest

5.1 Lernzielkontrolle 1: Richtig schreiben: doppelte Selbst- und Mitlaute (3. Klasse)

1. Schreibe die Wörter richtig auf.   14 P

Me (ss/s) er   = _____   Pfa (nn/n) e = _____

Beu (ll/l) e   = _____   Ta (nn/n) e   = _____

Sei (ll/l)   = _____   Ka (ss/s) e = _____

Ka (nn/n) e   = _____   Mi (tt/t) ag = _____

Ba (nn/n)   = _____   O (ff/f) en   = _____

Blu (mm/m) e   = _____   Se (mm/m) el = _____

Ta (ss/s) e   = _____   Fah (nn/n) e = _____

2. Setze die fehlenden Buchstaben ein: 29 P

An einem Mittwochnachmi_____ag gingen A_____a und ihre ne_____e Freundin Annette zum Schwi_____en an einen S_____. Viele Leu_____e waren mit ihren B_____ten
auf dem W_____er. Bevor sie schwi_____en gingen, banden sie ihre H_____re
zusa_____en. Plötzlich sahen sie einen fe_____en Aal. „Bi_____e, la_____ uns den Aal
fangen!", rief A_____a. „Meine Mu_____er hat mir verbo_____en Tiere an-
zufa_____en", antwortete Annette. Ein M_____r von Wolken zog auf und die Mädchen
waren sich einig, dass das We_____er umschlug. Schne_____ packten sie ihre
Ma_____en zusa_____en und radelten nach Hause. Bei einem warmen T_____ freuten
sich die Freundi_____en, Mama alles erzählen zu kö_____en. Erma_____et vom
Schwi_____en gingen sie früh zu Be_____.

3. Trenne die Wörter in ihre Silben!   6 P

Schimmel, schwimmen, Keller, Klasse, Spinne, Gitter

_____

Viel Erfolg! Von 49 Punkten hast du _____ Punkte erreicht.

5.2 Lernzielkontrolle 2: Groß- und Kleinschreibung 3./4. Klasse

1. Korrigiere die folgenden Sätze.   17 P

1. heute ist ein wunderschöner, sonniger tag und die vögel zwitschern.   3 P

_____

_____

_____

2. am blauen himmel sind nur wenige schleierwolken zu sehen.   2 P

_____

_____

3. am nachmittag kommen oma und opa vorbei. der großvater begrüßt
seine enkelin: „hallo meine große, schön, dass wir dich endlich wieder
zu gesicht bekommen."   6 P

_____

_____

_____

4. anna erwidert: „ja, aber später muss ich noch ins training, montags
habe ich immer tennis."   3 P

_____

_____

_____

5. der tisch im garten ist schon gedeckt. mama bringt noch den kuchen,
etwas obst, etwas süßes und den tee hinaus.   3 P

_____

_____

_____

2. Entscheide dich zwischen Groß- oder Kleinschreibung.   7 P

1.   Lisa hat keine ___ngst vor der Deutschprüfung.

2.   Aber wenn sie an den ___ahnarzt denkt, wird ihr ___ngst und ___ange.

3.   Die ___ette Lehrerin fragt die Schüler: „Wäre es euch ___echt, wenn wir

      morgen gemeinsam ___rühstücken?

4.   Das ___rühstück war sehr ___ecker, jeder hat ___twas mitgebracht. Es

      gab viel ___üßes aber auch ___alziges und ___risches ___rot.

3. Korrigiere den folgenden Brief.   14 P

                                                           kempten, 21.01.2022

liebe tina,

seit gestern bin ich auf klassenfahrt auf einem bauernhof im allgäu.

hier ist es sehr schön. ich bin mit clara und marie im zimmer. sehr schade, dass du
dir das bein gebrochen hast und nicht mitfahren konntest.

wir müssen morgens sehr früh aufstehen, um dem bauer beim melken zu helfen.
danach gibt es frühstück, aber auch hier müssen wir ein wenig mithelfen. tischdecken und bettenmachen ist unser job. Dafür dürfen wir anschließend aber auch
mit den pferden ausreiten.

morgen gehen wir ins schwimmbad.

ich wünsche dir gute besserung und hoffe, dass wir bald wieder zusammen herumlaufen können.

dicker kuss und bis bald

deine maya

                                                    Nimm ein eigenes Blatt!

Viel Erfolg! Von 38 Punkten hast du _____ Punkte erreicht.

5.3 Lernzielkontrolle 3: Richtig schreiben: s / ss / ß und z / tz

1. Setze richtig ein „z" oder „tz":   10 P

Ka___enfreude

Die Ka___e auf dem heißen Dach si___t und denkt nach! Da kommt der schwar___e

Kater Mori_ auf seinen Spi___en geschlichen und fragt gan___ höflich: „Der

Fran___ geht heute mit mir zum Tan___. Willst du nicht mit, du süßer Fra___?" Die

Ka___e wedelt vor Freude mit dem Schwan___, blin___elt ver___ückt und verkün-

det stol___: „Mit dir zum Tan___ – nicht Bli___, noch Donner können mich davon

abhalten!" Mit einem Sa___ sprang Mori___ wieder weg und der Spa___ auf dem

Dachspi___ dachte sich: „Na dann viel Spaß!"

2. Setze s, ss oder ß richtig in die Lücken ein.   14 P

die Glä____er	wei____	das La____o	der Strau____
das Schlo____	bö____e	der Hal____	bei____en
grü____en	Regengu____	fre____en	die Na____e
die Nu____	flei____ig	drau____en	me____en
er wu____te	das Gra____	die Stra____e	schlie____en
Moo____	intere____ant	der Spa__	das Lo____
er la____	der Flu____	wi____en	die Flo____en

3. Hier haben sich ein paar Fehler eingeschlichen. Schreibe die Wörter in der Zeile darunter richtig auf! Nimm ein eigenes Blatt!   11 P

Papa nimt sich heute Zeid für seine Familiä.   3 P

_____

Im Cirkus treibd der Claun seine Spässe.   4 P

_____

Er siet lustik aus mit seinen risigen Schun.   4 P

_____

Viel Erfolg! Von 35 Punkten hast du _____ erreicht.

5.4 Lernzielkontrolle 4: Richtig schreiben: e / eu / ä / äu

Klassenarbeit 4. Klasse zum Thema:

Thema: eu oder äu, e oder ä, d oder t, g oder k, b oder p

1. Setze richtig ein!   b) „e" oder „ä"   20 P

a) „eu" oder „äu"

- aufr_____men,
- der K_____fer
- _____ropa
- h_____te
- das Geh_____se
- _____ßerlich
- h_____fig
- f_____rig
- ungeh_____erlich
- der L_____fer

b) „e" oder „ä"

- versp_____ten
- _____hrlich
- die _____ltern
- _____rztlich
- qu_____len
- das Gew_____chs
- w_____hrend
- überqu_____ren
- die _____hnlichkeit
- der _____rger

c) „d" oder „t"

- zar_____
- das Schil_____
- geschei_____
- der San_____
- die Gebur_____
- gesun_____
- das Gel_____
- bal_____

d) „g" oder „k"   14 P

- die Ban_____
- das Wer_____
- der Ausflu_____
- das Spielzeu_____
- kran_____
- geizi_____

e) „b" oder „p"

- der Kor_____
- der Spaziersta_____
- ich blie_____

„b" oder „p"   6 P

- er hu____t
- der Lau____baum
- sie pum____t

2. Diktat:

Nimm ein eigenes Blatt und lass es Dir aus der Lösung diktieren!   20 P

Viel Erfolg! Von 60 Punkten hast du _____ Punkte erreicht.

5.5 Lernzielkontrolle 5: Richtig schreiben: 4. Klasse f oder v

1.   Setze die diktierten Wörter/Silben richtig ein!   16 P

Die zu diktierenden Zeilen findest du in der Lösung!

_____ gar nicht so _____ Jahren gab es weder

_____ noch _____. Es gab Kino und Theater und niemand

_____misste diese Geräte. Auch Autos standen nur Wenigen zur _____fügung.

Das private _____ hieß _____. _____ Urlaube mit

dem _____ kannte man nicht. Obwohl die ersten _____suche zu

_____ wie ein _____ schon sehr _____

_____.

In den _____ _____gnügten sich die Kinder _____ am See

oder sonst wo in der _____ Natur.

Abends saß die _____ gemeinsam in der Stube und _____brachte ihre

Zeit mit Kartenspielen oder Hausmusik. Mit _____liebe hörten die Kinder zu,

wenn _____ Geschichten _____trug oder Mutter die _____

als _____leserin in ihren Bann zog. Auch wenn _____ Einiges in

_____ Zeiten _____, was heute _____

selbst_____ständlich ist, waren die Leute damals nicht weniger

_____.

2.   Setze die korrekte Form von „viel" oder „fiel" ein!   5 P

In der Adventszeit backen wir mit meiner Mutter immer _____ Plätz-

chen. Leider _____ mir das letzte Blech auf den Boden. Die Plätzchen

zer_____ in _____ kleine Brösel. Mama schickte uns hinaus.

Da im letzten Winter sehr _____ Schnee _____, nahmen wir

unseren Schlitten mit. Wir hatten viel Spaß, doch leider _____ ich mit

dem Schlitten um und verletzte mich ein bisschen. Am Abend _____

Mama die kleine Wunde auf. Ihr ge_____ das gar nicht und sie wollte

_____erlei über den Ablauf wissen.

3. **Setze die passenden Wörter mit V/v oder F/f in den Lückentext ein!**   5 P

• In der Pause spielen die Kinder gerne _____.

• Das Quadrat ist ein besonderes _____.

• Babyschweinchen nennt man _____.

• Mein Vater steckt fast jeden Abend im _____.

• Wenn es sehr heiß ist, verwendet meine Mutter einen _____.

4. **Finde für die folgenden Wörter die korrekte Vorsilbe „Vor-/vor-" oder „Ver-/ver-". Schreibe Namenwörter mit dem passenden Begleiter auf und achte auf Groß- und Kleinschreibung. Falls es mehrere Möglichkeiten gibt, schreibe bitte alle auf!**   10 P

| RAT | GESSEN | GESTERN | LESEN |
| MITTAG | BINDEN | SCHLAGEN | BAUEN |

_____

_____

_____

_____

_____

_____

_____

Viel Erfolg! Von 36 Punkten hast du _____ Punkte erreicht.

6   Diktate allgemein

6.1   Hinweise zur Durchführung eines Diktates

1. Schritt: Das ganze Diktat bitte einmal langsam zusammenhängend vorlesen.

2. Schritt: Nun soll das Kind schreiben. Jeden Satz zweimal langsam in Sinnabschnitten (3-4 Wörter) diktieren, alle Satzzeichen müssen mitdiktiert werden.

3. Schritt: Nochmaliges, langsames Vorlesen des ganzen Diktates im Zusammenhang.

4. Schritt: Fünf Minuten Überarbeitungszeit für das Kind.

6.2   Hinweise zur Korrektur eines Diktates

- Pro Wort darf nur ein Fehler gerechnet werden.

- Für jedes fehlende Wort wird ein Fehler gerechnet. (unbedingt vermeiden)

- Wiederholungsfehler: Wenn das Wort nochmals in exakt derselben Weise falsch geschrieben wurde, zählt der Fehler insgesamt nur ein einziges Mal. Sind die Fehler aber unterschiedlich, dann zählt der Fehler auch doppelt.

  z. B.: **sieht**: siet – siht

- Satzzeichenfehler und Trennungsfehler sind halbe Fehler.

- Fehlende Umlautzeichen sind halbe Fehler.

  → a statt ä, o statt ö, u statt ü sind halbe Fehler.

6.3 Bewertungsmaßstab für Diktate

Die Bewertung von Diktaten ist immer schwierig. Es gibt leichte Diktate, schwere Diktate und Kurzdiktate oder Abschreibübungen.

Hier liegt viel im Ermessen des Lehrers. Wir möchten hier einen kleinen Anhalt bieten:

Diktat im einfachen bis normalen Schwierigkeitsgrad:
Klasse 3: 50 -   80 Wörter
Klasse 4: 70 - 100 Wörter

Anzahl Fehler	0 – 1,5	2 – 3,5	4 – 6,5	7 – 9,5	10 – 13	ab 13,5
Note	1	2	3	4	5	6

Bewertungsmaßstab für Kurzdiktate, denen in etwa die Hälfte der Wortanzahl der jeweiligen Klassenstufe zu Grunde gelegt wird:

	Anzahl Wörter	Anzahl Fehler					
	Ca. 40	0	1 – 2	2,5 – 3	4 - 5	6 – 7	ab 8
	Ca. 50	0 – 0,5	1 – 2,5	3 – 4	4,5 – 6	6,5 – 8,5	ab 9
	Ca. 60	0 – 1	1,5 – 3	3,5 – 4,5	5 – 7	7,5 – 9,5	ab 10
Note		1	2	3	4	5	6

Schweres Diktat:

	Anzahl Wörter	Anzahl Fehler					
	Ca. 80	0 – 1,5	2 – 3,5	4 – 5,5	6 - 8	8,5 – 10,5	ab 11
	Ca. 100	0 – 2	2,5 – 4,5	5 – 7	7,5 – 10	10,5 – 13	ab 13,5
	Ca. 140	0 – 3	3,5 – 6,5	7 – 10	10,5 – 13,5	14 – 18	ab 18,5
Note		1	2	3	4	5	6

7 Diktate 3. Klasse

Wir haben versucht, bei den Diktaten aktuelle Themen einfließen zu lassen und zum Teil Bezug auf Themen des Heimat- und Sachunterrichts genommen, um hier beim Üben von Diktaten bereits das Sachwissen und Fachwörter zu vertiefen.

7.1 Ein Gespräch mit Störung

Das **Thema** heißt: Katzen. Tim hat sich gemeldet. Er ist drangekommen und spricht nun. Aber er **kann** nicht ausreden. Einige Kinder hören nicht ruhig zu. Das stört und ist gegen die Regel. Da macht Tim "MIAU". Auf einmal ist es ganz still.
Da stellt Tim seiner Klasse ein Rätsel:
Mein Tier hat vier Beine und weiches Fell. Die Ohren sind spitz. Der Schwanz ist lang. Mein Tier fängt Mäuse. Was ist es?   (77 Wörter)

7.2 Mein erster Tag im neuen Schuljahr

Heute ist mein erster Schultag nach den **Sommerferien**.
Mit Spannung erwarten wir unseren neuen Lehrer – einen **Mann**.
Sicher freut er sich, wenn wir brav auf dem Stuhl sitzen, zuhören und fleißig mit-arbeiten.
Vielleicht liest er uns auch etwas vor, wie unsere Lehrerin aus der zweiten Klasse.
Hoffentlich dürfen wir Schüler auch von unseren Ferien erzählen, denn dann er-fahren wir auch, was die anderen in dieser Zeit gemacht haben.
                                                                     (75 Wörter)

7.3 Unser Jahr

Das Jahr hat zwölf Monate. Im Januar fängt das Jahr an. Februar und März sind noch kalt. Ostern ist im April, manchmal aber auch im März.
Warm wird es in den Monaten Mai, Juni, Juli und August.
Reife Äpfel und bunte Blätter gibt es im September und Oktober. Im November und Dezember liegt Schnee. Am Morgen haben wir oft Nebel und langsam gefrieren unsere Weiher und kleinen Seen.
Am 24. Dezember feiern wir Weihnachten.   (77 Wörter)

7.4 Im Zoo

Tante Lisa und Onkel Tim gehen heute in den Zoo. Auf einem starken Ast schläft ein Löwe.
Unter der Palme brüllt ein Affe. Andere Affen schwingen sich von Baum zu Baum.
Der kleine Tiger läuft durch das Heu und Gras.
Im Wasser sind viele Seelöwen. Bald werden sie gefüttert.
Die Elefanten laufen im Kreis herum. Ein Elefant hält mit seinem Rüssel den Schwanz des Tieres vor ihm.   (70 Wörter)

7.5 Mein Tag

In der Schule hatte ich heute viel Spaß.
Mittags gab es Suppe, die mag ich gar nicht.
Am Abend wird es kalt und der Wind bläst laut. Ich springe mit dem Hund über das Feld. Da stolpere ich fast über einen Stein.
Mein Freund tröstet mich, denn ich habe mir weh getan.
Später spiele ich mit Papa „Mensch ärgere dich nicht!".
Morgen kauft mir Mama ein rotes Kleid mit einem Blumenmuster darauf. Wir haben es schon im Schaufenster gesehen.
Außerdem bekomme ich viele neue bunte Stifte.   (89 Wörter)

7.6 Es kommt eine Zeit…

Da stehen die Schlitten im Keller,
da schmelzen die Schneemänner,
da fliegen keine Schneebälle mehr.
Es kommt eine Zeit,
da spielen die Kinder wieder draußen,
da zwitschern die Vögel wieder,
da wachsen wieder grüne Blätter,
und bunte Blumen blühen wieder.

(45 Wörter)

Mitlautverdopplung:
Es gibt viele Wörter mit einem doppelten Mitlaut (Konsonanten), wie zum Beispiel Kette, Teppich, Ritter. Der Selbstlaut (Vokal), der vor dem Konsonanten steht, wird immer kurz gesprochen. Generell musst du versuchen immer deutlich zu sprechen und aufmerksam zuzuhören, dann tust du dich deutlich leichter in der Rechtschreibung. Du erkennst den doppelten Mitlaut in der Mitte eines Wortes, wenn du die Wörter in Silben trennst, denn dann hörst du den Mitlaut doppelt: z. B. Koffer, krab-beln, ret-ten). Steht der doppelte Konsonant am Wortende, dann musst du das Wort verlängern und anschließend in Silben aufteilen:
Beispiel: still → stil-ler, fett – fet-ter, muss - müs-sen, Blatt – Blät-ter.

Selbstlautverdopplung:
Der Vokal wird immer lang gesprochen!

7.7 Im Tierpark

Heute macht die Klasse 3b einen Ausflug in den Zoo. Anina hat sich schon lange darauf gefreut, denn sie kennt sich gut im Zoo aus. Sie geht so oft mit ihrer Oma dorthin.
Am Affengehege bleibt die Klasse stehen.
Alle schauen den Affen zu. Es gibt auch ein paar kleine Affen und auch ein Baby.
Ein Affe setzt sich eine Schüssel aus Plastik auf den Kopf.
Ein anderer Affe klaut ihm die Schüssel und es gibt ein großes Geschrei.
Danach holen sich die Kinder am Kiosk ein Eis.   (91 Wörter)

7.8 Die Klassenfahrt

Chrissy fährt heute auf Klassenfahrt. Zum Abschied gibt sie ihren Eltern einen fetten Kuss. Bereits am Nachmittag fällt ihr auf, dass sie ihren Kamm zu Hause vergessen hat. Sie beginnt sich Gedanken zu machen: „Muss ich jetzt immer mit zerzaustem Haar herumlaufen?" Als später Chrissys Freundin Melissa ins Zimmer kommt, bittet sie ihre Freundin ihr auszuhelfen. Freiwillig übergibt Melissa ihre Haarbürste. Nun können beide sorglos zum Abendessen auf die Terrasse gehen.
                                                                 (74 Wörter)

7.9 Claras Erleuchtung

In der Nacht träumt Clara von fe**tt**en, kri<u>e</u>chenden Blutsaugern, die sie fre**ss**en wollen. Sie kleben an ihren Beinen und saugen an ihr.

Am <u>M</u>orgen sa**mm**elt sie schweigend Me**ss**er, Teller, Ta**ss**en und Lö**ff**el vom Tisch. Die Spülmasch<u>i</u>ne ist voll. Bevor sie alles einr<u>äu</u>men ka**nn**, mu**ss** die Spülmasch<u>i</u>ne erst gel**ee**rt werden.

Heute gibt es Zeugni**ss**e. Clara ist ver<u>ä</u>ngstigt; sie ho**fft**, da**ss** sie nicht ausge-schi<u>m</u>pft wird.

Clara re**nn**t fröhlich nach Hause. Das Zeugnis ist viel be**ss**er als gedacht.

Am <u>Z</u>i<u>el</u> denkt sie: „In Zukunft will ich regelm<u>äß</u>ig lernen. Ich la**ss**e mir was ein-fallen."   (93 Wörter)

Die unterstrichenen Wörter gehören nicht zum Thema Verdopplung, bereiten aber auch häufig Schwierigkeiten (ä/e, Dehnungs-h, Fremdwörter):
Maschine → ist ein Fremdwort, es wird „i" geschrieben, obwohl es lang gesprochen wird!

> **z oder tz Regeln:**
> - Nach kurzem Vokal (a, e, i, o, u) steht **tz** (ei, eu und ie sind lange Vokale).
> - Nach l, m, n, und r steht nie **tz**.
> - Nach langem Vokal steht **z**.

7.10 Wandertag

Heute ist Wandertag und wir gehen mit der ganzen Klasse in den **Z**oo. Bei den schwarzen Pan**th**ern fällt mir das glänzende Fell auf. Viele Tiere im **Z**oo stehen unter Artenschu**tz**, das heißt, sie sind geschü**tz**t und dürfen nicht getötet werden. Wir beobachten Tiger und Löwen. Die meisten Raubka**tz**en wirken träge und liegen im Schatten, da es sehr warm ist. Wenn wir schon schwi**tz**en, wie warm muss es für die Tiere mit ihren dicken Pel**z**en sein?

Während wir Brotzeit machen und miteinander schwä**tz**en, hüpfen überall kleine Spa**tz**en herum. Im Aquarium sehen wir nicht nur Fische, umgeben von nü**tz**lichen Pflanzen, sondern auch Wasserschildkröten mit einem dicken Panzer.

Auf dem Heimweg sind alle müde und kaum einer bringt einen Sa**tz** heraus.

                                                                    (121 Wörter)

7.11 Nie mehr ohne Bücher!

Wenn ich Zeit habe, **setze** ich mich gerne in eine kuschelige **Ecke** und lese. Ich tauche in eine fröhliche und intere**ss**ante Welt ein.
Bücher machen viel Spaß – sie erzählen von Tieren, Freunden und Monstern.
Wenn ich in die Erzählungen und Texte eintauche, kann ich alles deutlich vor mir erkennen. Wenn ich mir etwas gar nicht **vorstellen** kann, weil ich es nicht **kenne**, hole ich mir ein Lexikon und schlage es nach. (76 Wörter)

7.12 Die Kinder besuchen ein Museum

Ein Gemälde zeigt, wie Kinder und Erwachsene vor 400 Jahren gespielt haben.
Man brauchte für die Spiele nur wenig. Es gab damals noch keinen gefährlichen Verkehr auf der Straße.
Bei der Führung sahen sie auch eine Dampfma**schin**e und durften **Spielz**euge von früher ausprobieren.
Der Lehrer erklärte alles. Die Kinder hatten riesigen Spaß. Zum Schlu**ss** machte die Klasse inmitten der alten Dinge ein Foto zur Erinnerung. (71 Wörter)

7.13 Freizeitspaß

Für seinen Kinder**chor** verwandelt der **Studiomeister** die Musikschule in eine Bühne. Der Musiklehrer ist für alles verantwortlich und muss gut organisieren und planen können. Die Kinder, die nicht im **Chor** singen, spielen Flöte oder **klatschen** im Takt. Mit Sicherheit haben sie noch andere **Hobbys**. Manche spielen mit ihrem Haustier und versorgen es, oder aber sie lesen stundenlang. Andere ba**steln** am liebsten oder **samm**eln etwas. Viele treiben Sport in einem **Fuß**ballverein oder schwimmen in der Schwi**mm**schule. Einige Mädchen turnen im Turnverein oder sind in der Tanzschule. (87 Wörter)

7.14   Ein Blumenstrauß für Mutter (s/ss/ß)

Lisa läuft mit ihrem großen Bruder Marco aus dem Haus.
Draußen ist es heute sehr sonnig. Hinter dem Haus fließt ein kleiner Bach, der
schließlich in einen Fluss mündet. Zwischen dem Bach und der Straße ist eine große
Wiese mit vielen bunten Blumen – weiße, gelbe, blaue. Die Kinder reißen vorsichtig
ein paar Blumen ab. Zu Hause gibt die Mutter den wunderschönen Strauß in die
Vase und gießt Wasser hinzu. Mutter gibt den Kindern einen dicken Kuss auf die
Wange und bietet beiden etwas Süßes an. Marco nimmt sich bloß einen Kaugummi
und Lisa sucht sich Schokonüsse aus.   (103 Wörter)

7.15   Wetterwandel

In den letzten Jahren bringen uns die Winter in Europa deutlich weniger Schnee
und Eis. Dagegen werden Stürme immer zahlreicher und schwerer, sodass Bäume
entwurzelt und Stromleitungen beschädigt werden. Oft bleiben Straßen und Bahn-
strecken mehrere Stunden gesperrt.
Zwar sind im Gegenzug die Sommer häufiger sehr warm, aber leider bilden sich
hierdurch auch oftmals starke Gewitter mit anhaltender Nässe und Hagel und
verursachen schwere Schäden - nicht nur an Bäumen, Häusern und Gebäuden.
Forscher suchen nach Erklärungen für die Veränderung des Wetters. (82 Wörter)

---

e oder ä

„e" und „ä" klingen oft sehr ähnlich, so wie auch der Wortlaut „eu" und „äu" ähnlich
klingt. Wörter, die kein ähnliches Wort mit dem Laut a oder au haben, schreibst du
mit e bzw. eu (Beule, heulen aber kaufen - Käufer).
Lerne vor dem Diktat die Regeln auswendig.
Regeln:
• Leite das Wort ab: die Schäden – der Schaden.
• Leite das Wort ab: häufig – Haufen.
• Kann man das Wort nicht auf ein verwandtes Wort ableiten, dann
schreibt man es meist mit e / eu. (fehlen, Teufel aber Taufe - Täufling).

7.16   Der Herbst

Im Herbst verändert sich die Natur. Die meisten Bäume verändern erst die Farbe ihrer Blätter, später verlieren sie diese, schließlich liegen die Blätter als Laub am Boden.
Kiefern und Fichten sind Nadelbäume und verlieren ihre Zapfen, die Tanne hingegen behält ihre. Folglich kann es sich bei den am Boden liegenden Zapfen selten um einen Tannenzapfen handeln. Die Lärche ist der einzige Nadelbaum, der im Winter seine Nadeln verliert.
Die Bäume lassen auch ihre Früchte fallen, die wiederum den Tieren als Nahrung dienen. Viele Tiere sammeln und verstecken die Nüsse, Eicheln oder Kastanien, um die Winterzeit zu überstehen. Viele neue Bäume wachsen, weil die vergrabenen Früchte von dem, der sie einstmals versteckte, nicht immer wiedergefunden werden.

(118 Wörter)

7.17   Der Leuchtturm

Ich würde so gerne einmal in einem Leuchtturm leben! Von ganz oben würde ich den Schiffen zusehen, wie sie auf den Wellen schaukeln.
In der Nacht würde ich die Lichter in ihren Masten sehen und mir den Sternenhimmel anschauen. Vielleicht ist auch eine Sternschnuppe dabei und ich darf mir etwas wünschen? Am Morgen, wenn ich aufwache, schau ich mir den Sonnenaufgang an. Dabei schwimmt ganz sicher das eine oder andere Boot vorbei. Natürlich ist ein Leuchtturm nicht zum Wohnen gedacht. Er soll den Schiffen helfen zu navigieren oder auf Gefahrenstellen aufmerksam machen. Trotzdem, ich würde so gerne in einem Leuchtturm leben. Träumen kann man ja davon und vielleicht tritt der Traum eines Tages ein!

(117 Wörter)

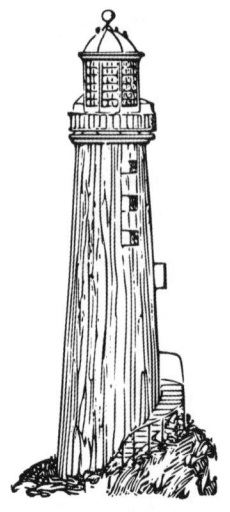

7.18 Tina reist um die ganze Welt und ist viel unterwegs

Sie wandert durch heißen Wüstensand, klettert auf hohe Berge und fliegt mit dem Ballon zum Nordpol. Dabei sieht sie am Horizont eine klitzekleine Stadt und einen großen Fluss mit einer Brücke. Den stürmischen Ozean überquert Tina in einem alten Schiff und durch Amerika fährt sie mit einem Pferdewagen. In ihren Träumen schwebt Tina oft in einem Ballon über das Meer, über wundersame Inseln und einsame Landschaften. Jetzt liegt Tina erschöpft im Bett und schlägt das Buch zu.   (88 Wörter)

7.19 Das brennende Unkraut

Die Kinder treffen sich hinter dem Sportplatz an der Waldschule. Da wachsen hohe Brennnesseln. „Stehen Brennnesseln unter Naturschutz?", fragt Tillmann in einem Interview. Die Mitarbeiterin der Waldschule lacht und sagt: "Nein, nur Pflanzen, die gefährdet sind, müssen geschützt werden." Tillmann fasst vorsichtig zwischen die Brennnesseln, um seinen Ball zu holen. Sofort brennt und juckt seine Haut.
„So ein blödes Unkraut!", schimpft er, und wundert sich, warum Schmetterlinge und Raupen Brennnesseln ungefährdet fressen können?   (77 Wörter)

7.20 Das Donnerwetter

Timo und seine Eltern möchten einen Ausflug in den Wald machen. Das Wetter soll morgen wechselhaft werden. Wird es stürmen und regnen oder heiß werden? Die Familie schaut ungeduldig die Wettervorhersage an. Müssen sie morgen einen Regenschirm mitnehmen? Gerade schien noch die Sonne, jetzt donnert und hagelt es. Ellen schaut aus dem Fenster und sieht, wie der Regen gegen die Fensterscheibe prasselt. Ein Gewitter zieht auf und ein Blitz zuckt über den Himmel. Wann wird es aufhören?   (80 Wörter)

7.21 Die Wahl

Am Anfang des Schuljahres wird der Klassensprecher gewählt. Heute ist in unserer Klasse die Wahl zum Klassensprecher. Jeder hat die Möglichkeit sich aufstellen zu lassen. Die einzelnen Kandidaten stellen sich kurz vor. Der Klassensprecher muss sich für die Belange der Klasse einsetzen und Streit schlichten. Die Wahl findet anonym statt. Sobald die Kandidaten feststehen, schreibt jeder Schüler den Namen seines Favoriten auf einen Zettel und faltet diesen zusammen. Die Lehrerin sammelt alle Zettel ein, dann werden die Stimmen ausgezählt. Wer die meisten Stimmen hat, gewinnt die Wahl.

(90 Wörter)

7.22 Spaß im Regen

Es regnet schrecklich. Jakob liebt starken Regen. Sofort geht er mit seinem Freund Finn hinaus. Sie laufen durch Dreck und Schlamm und hüpfen in jede Pfütze. Die gute Regenkleidung hält sie immer trocken. Die Buben verstecken sich. Schließlich ruft Mama. Die Jungs erschrecken und kommen sofort aus ihren Ecken. Von Kopf bis Fuß sind beide voller Dreck und Flecken. Als Mama die Jungs sieht, besteht sie darauf, dass sie die dreckigen Jacken und Hosen draußen ausziehen, bevor sie sich auf der Eckbank an den gedeckten Tisch setzen.

(89 Wörter)

> Wörter mit ck
> Folgt auf einen kurzen Selbstlaut/Vokal ein k-Laut, wird dieser **nicht verdoppelt**, sondern wir schreiben „ck". Zum Beispiel: Hecke, hacken, backen, schmecken. Nur bei einigen Fremdwörtern schreibt man kk oder k statt ck (Mokka, Sakko, Diktat, Direktor, Rakete).

7.23 Picknick im Herbst im Wald

Am Wochenende ging ich mit meiner Familie in den Wald.
Es war ein Mischwald. Es wuchsen viele verschiedene Nadelbäume – Kiefern, Lär-
chen, Tannen und Fichten. Die Laubbäume habe ich auch erkannt: Eichen, Buchen
und Birken.
Papa erklärte mir kleine Pflanzen und Pilze, die wir am Boden entdeckten.
Auf einer Lichtung machten wir Picknick. Mama hatte viele leckere Köstlichkeiten
vorbereitet.
In der Ferne erkannten wir Rehe und Hirsche. Sie suchten im Herbst ihr Futter
unter dem Laub. Flinke Eichhörnchen flitzten von Baum zu Baum.
Es war ein toller Nachmittag und ich fiel am Abend in einen tiefen Schlaf.

(102 Wörter)

7.24 Die Feuerwehr im Einsatz

Im Dorf brennt es. Ein trockener Adventskranz hat den getährlichen Brand aus-
gelöst.
Innerhalb weniger Minuten steht das ganze Haus in Flammen.
Rundherum herrscht eine große Hitze.
Eine junge Frau alarmiert schnell die Feuerwehr.
Wenige Minuten später trifft die Feuerwehr mit drei Löschfahrzeugen und einem
Notarzt ein.
Mehrere Feuerwehrleute in voller Montur laufen schnell in das brennende Haus,
um die schreienden Bewohner, die sich noch im Haus befinden, zu retten.
Sobald das Haus leer ist, löschen sie die lodernden Flammen. Aus dem Schlauch
fließen viele Liter Wasser. Dank ihrer Ausrüstung sind die Feuerwehrleute vor
Hitze und Rauch geschützt.
Ein kleines Mädchen, kommt mit leichten Brandverletzungen ins Krankenhaus, wo
es sofort fachmännisch versorgt wird.

(117 Wörter)

7.25 Klassenfahrt zum Bauernhof

Heute geht es für die dritte Jahrgangstufe auf Klassenfahrt. Mit der Bahn fahren die Schüler zum Ammersee, wo sie auf dem Bauernhof wohnen. Hier gibt es sechs Pferde, zehn Kühe und unzählige Hühner. Auch ein Hund fehlt nicht. Der Bauer erklärt: „Leider hat der Hund im Moment Flöhe, deshalb haltet euch bitte fern von ihm, denn ein Flohbiss kann wehtun!"
In der Nähe des Hofes ist ein großer Wald und schon vor der ersten Mahlzeit sehen die Kinder einige Rehe.
Zum Abendbrot gibt es frisches Brot aus Roggenmehl.
Hundemüde fallen die Kinder in ihre Betten.

(99 Wörter)

Merkwörter mit Dehnungs– h
Nach einem langen Vokal folgt oftmals ein „stummes h".
Das „stumme h" hört man nicht, wie bei: er dreht, sie flieht, die Höhe.
Aber auch hier gibt es einen Trick. Setze das Wort in die Grundform, dann kannst du das „h" hören. → er dreht → dre-hen, sie flieht → flie-hen.

Das Nomen (Namenwort) versetzt du wieder in die Mehrzahl: Mühe – Mü-hen, Höhe – Hö-hen.

Das Adjektiv (Wiewort) verlängerst du, indem du es vor ein Nomen setzt, um das „h" herauszuhören: roh → das ro-he Fleisch.

8   Diktate 4. Klasse

8.1   Wie quakt der Frosch?

Frösche gibt es auf der ganzen Welt. Sie kommen bei uns vor, aber auch in Afrika, Amerika oder Australien.
Sie leben immer in der Nähe von Wasser: an Teichen, Tümpeln oder im Gras.
Die Wasserfrösche sind Meisterquaker.
Die Männchen haben zwei Schallblasen hinter den Mundwinkeln. Mit diesen können sie mächtigen Lärm machen.
Der Frosch bläst seine Schallblase auf. Dabei entsteht das **Quaken**. Damit werden die Weibchen angelockt.
(72 Wörter)

8.2   Anna hat Geburtstag

Gestern feierte die lustige Anna ihren Geburtstag. Das Wetter war schön und alle konnten im Garten spielen. Von Lea bekam sie eine runde Spieluhr geschenkt. Hans brachte ein spannendes Buch mit. Ihre kleine Schwester Hanna malte ein farbenfrohes Bild, auf dem ein schräges Haus, eine lachende Sonne und ein riesiger Baum zu sehen waren. Aber das tollste Geschenk bekam Anna von Opa. Er schenkte dem Mädchen einen lebhaften Wellensittich mit blauen Flügeln.
(76 Wörter)

8.3   Der Neue

Jonas eilt nach Hause und erzählt seinen Eltern sofort die Neuigkeiten: „Heute haben wir einen neuen Klassenkameraden bekommen." Interessiert fragt Vater: „Schön, wie heißt er denn?" „Er heißt **Cyrus** (diktieren) und kommt aus **Afghanistan** (diktieren). Er hat uns erzählt, dass sein Land sehr weit weg ist. Es liegt sogar außerhalb von Europa", erläutert Jonas. Papa erklärt: „In Afghanistan herrscht leider Krieg. Bomben haben viele Häuser und Gebäude zerstört. Die Menschen dort haben Angst und fliehen." Jonas sagt: „Ich freue mich, dass er hier ist und hoffe, dass wir gute Freunde werden." Der Vater erwidert freundlich: „Sehr gut, wenn du viel mit ihm sprichst, lernt er die Sprache deutlich schneller."
(110 Wörter)

8.4 Unser Hausmüll

Wir haben viel Müll - Flaschen, Plastik, die Zeitung, gebrauchte Dosen, Milchtüten und viel, viel mehr. Mami hat mir erklärt, man dürfte nicht alles in die gleiche Tonne werfen. Man trennt den Müll und aus manchem Müll kann man wieder neue Dinge herstellen. „Man nennt das Recycling", sagte sie.
Jeden Montag kommt also die Müllabfuhr. Sie nimmt den Restmüll mit. Am Dienstag kommt ein anderer Müllwagen für den Biomüll. Daraus macht man Erde. In den Biomüll werfe ich zum Beispiel die Reste von meinem Apfel, die rohen Kartoffelschalen und auch Eierschalen. Gekochtes Essen darf da nicht rein. Das verstehe ich **zw**ar nicht ganz, aber es ist so. Ich glaube, es lockt Tiere an.
Früher haben wir unser Pap**i**er zu einem **C**ontainer gebracht. Heute kommt es in die blaue Mülltonne. Ich weiß nicht, wann diese ab**geho**lt wird.   (138 Wörter)

8.5 Der Müll

Bei der Herstellung von fast allem wird die Ware verpackt.
Spagetti, Schokolade, Bu**t**ter, Jo**gh**urt - alles ist in irgendeiner Form verpackt. Diese Verpackungen gehören nicht in den Müll.
Müll zu tre**nn**en ist kein Hexenwerk, aber wichtig. Je nachdem, ob es sich bei der Verpackung um Aluminium, Papier oder Plastik handelt, wird der Müll sortiert. Der getre**nn**te Müll kommt dann zum **Recycling**. In einer Recyclinganlage werden aus den alten Verpackungen wieder neue gewonnen. Hierbei kann jeder mithelfen, der Umweltverschmu**t**zung entgegenzuwirken.
Schließlich wollen wir uns alle auch zukünftig an einer sauberen Umwelt erfreuen.
(95 Wörter)

8.6 Besuch im Zirkus

Jana und Tim gehen heute Nachmittag mit ihren Eltern in den Zirkus.
Jana weiß: Dort tritt **i**mmer auch ein **Clown** auf. Auf diesen freut sie sich besonders. Voller Spannung wartet sie auf die erste Nummer. Nach der Begrüßung durch den Zirkusdirektor kommt endlich der Clown. Fröhlich begrüßt er das Publikum. Es folgen verschiedene **Attraktionen** mit und ohne Tiere. Die Kinder lieben die Löwen und Tiger besonders. Mama findet die Schlangenmenschen, die zum Schlu**ss** auftreten, erstaunlich.
„In den Zirkus möchte ich in Zukunft öfter gehen", meint Tim. Glücklich und zufrieden machen sich alle auf den Weg nach Hause.   (101 Wörter)

8.7 Lotte hat Geburtstag (c, ck, ts, ä, e, ei, eu)

Schon früh morgens wacht Lotte auf und ist sehr aufgeregt, denn: Es ist ihr Geburtstag! So ein schöner Tag. Schade, dass man nur einmal im Jahr Geburtstag feiern kann, denn schöne Geschenke, eine große Torte und die ein oder andere Überraschung könnte man doch jeden Tag gebrauchen! Was heute wohl passieren wird? Ob ihre Eltern schon auf sind? Wie spät ist es denn überhaupt? Ach, schon sieben Uhr! Na dann mal raus aus dem Bett! Zeit für alle aufzustehen und zu feiern! Da kommen auch schon ihre Geschwister und gratulieren. Von ihrer Schwester bekommt sie ein Buch und ihr großer Bruder hat ein Würfelspiel für sie. Aber was ist das? Was sieht sie denn da? Das kann doch nicht sein! Ein kleiner Hund kommt vorsichtig um die Ecke und er hat eine große rote Schleife um den Hals! Oh nein, wie süß! Geburtstag ist ein schöner Tag! Der beste Tag im Jahr!

(159 Wörter)

8.8 Der Adventskalender (k, ck, st)

Das ganze Jahr über freut man sich auf die verschiedenen Feste: Ostern, seinen Geburtstag und Weihnachten. Dazu zählt natürlich die Zeit vor Weihnachten - und insbesondere der Adventskalender.

Der Adventskalender ist bereits mehr als hundert Jahre alt. Früher war er noch nicht mit Schokolade gefüllt oder bestand gar aus 24 kleinen Geschenken, die Eltern liebevoll verpackten. Nein, früher gab es 24 Bilder.
In manchen Gegenden zündete man auch eine Kerze an, die 24 Markierungen hatte. Jeden Tag wurde sie angezündet und brannte, bis sie die nächste Markierung erreicht hatte. Es wurde auch das Wegwischen von 24 Kreidestrichen praktiziert. Aber heute gibt es Kalender zu kaufen, die 24 Geschenke enthalten. Man öffnet das erste Geschenk am 1. Dezember und am Weihnachtsabend, dem 24. Dezember, bekommt man das letzte Geschenk. Wie auch immer der Kalender gestaltet ist, die Idee ist immer die gleiche: Er soll die Wartezeit bis Heiligabend verkürzen.

(151 Wörter)

8.9 Adventszeit

Am Sonntag ist der erste **Advent**. Paul und Nina freuen sich riesig auf die Adventszeit. Mutter hat schon damit begonnen, leckere **Plätz**chen zu backen. Bald dürfen wir gemeinsam farbenfrohe Päckchen verpacken und dann die Kinder im **Flüchtlingslager** besuchen. Die Kinder und Eltern in den Lagern freuen sich sehr, wenn wir kommen. Auch wenn wir uns nicht immer verständigen können, spielen wir zusammen.

Der **Adventskranz** ist schon fertig bestückt mit roten Kerzen, Kugeln und verschiedenen Anhängern. Der Klavierlehrer hat schon eifrig Weihnachtslieder eingeübt, damit die Kinder am Heiligabend auch die passenden Lieder vorspielen können.

Paul und Nina haben ihre Wunschzettel auch schon an das Christkind geschickt und sind gespannt, was schließlich am Heiligen Abend unter dem Baum liegen wird.

(120 Wörter)

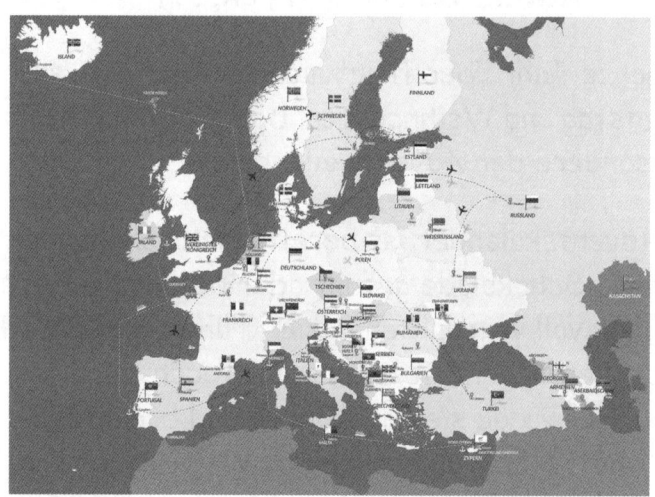

8.10 Reise durch Europa

In diesem Jahr machen wir eine Reise durch **Europa**. Wir fahren über **Österreich** nach **Italien**. Dort essen wir gerne **Spagetti** und **Pizza** und zahlen in Euro.
Von Italien fahren wir mit der **Fähre** weiter nach **Griechenland**. Hier schmeckt das **Gyros** (diktieren) lecker und wir essen oft Lamm.
Unser Reiseprogramm durch Europa führt uns über die Alpen ans **Meer**. Meine Mutter erzählt, dass man früher auf einer Europareise an jeder Grenze seinen Pass zeigen musste. Hatte man diesen vergessen, bekam man Schwierigkeiten und musste umkehren.
Heute sind die Grenzen zwischen den Ländern des **Schengener** Abkommens aufgehoben. Du erkennst die Grenzen nur am Grenzschild. Früher musste man auch Geld wechseln und konnte nicht einfach überall mit Euro bezahlen.
Schön, dass Europa immer näher **zusammenwächst**.

(125 Wörter)

8.11 Müll gehört nicht in den Wald

(i, ie, z, tz, f, pf, s, ß)

Lina geht im Wald spazieren und beobachtet auf einer Lichtung eine Spinne, die ihr Netz zwischen zwei Bäumen gesponnen hat.
Die Spinne sitzt bewegungslos in ihrem Netz und wartet auf eine Fliege oder Mücke.
In einem Naturschutzgebiet findet eine Spinne sehr viel Beute und sauberes Wasser.
Lina macht mit ihrer Familie ein Picknick.
Sie achtet darauf, dass keiner Verpackungen oder Abfälle im Wald zurücklässt, denn sie will weiterhin die saubere Natur genießen.
Wenn der Förster den schönen Platz aufräumen muss, dann wird er schimpfen.

(91 Wörter)

8.12 Traumberufe

Elvira hat Simones Onkel, der als Koch in der großen Kantine einer Firma arbeitet, interviewt. „Jeden Freitag stellen sie den Speiseplan für die ganze nächste Woche zusammen und kaufen im Großmarkt frische Lebensmittel ein", berichtet sie. „Er kocht in riesigen Töpfen für die Angestellten."
Franz möchte in einem Zoo arbeiten. Ein Tierpfleger muss schwer arbeiten. Er ist für viele Tiere verantwortlich. Er muss ihre Ställe reinigen, reparieren und genau wissen, was sie zum Leben brauchen. Täglich muss er frisches Futter zubereiten und sich auch um kranke Tiere kümmern.

(91 Wörter)

8.13 Unterwegs zum Planetarium (s, ss, ß, z, stummes h)

David erkennt den hellen Polarstern am klaren Nachthimmel. Er weiß, dass er das ganze Jahr über im Norden zu sehen ist. David fragt sich, ob die Menschen in Zukunft mit Lichtgeschwindigkeit zu den Sternen fliegen können? Werden sie in hundert Jahren auf den Planeten Venus und Mars Urlaub machen? Oder werden sie sogar auf fremden Planeten wohnen? David betrachtet die Sterne im Planetarium und stellt sich vor, wie Menschen im nächsten Jahrhundert Fahrprüfungen im Weltraum machen. Er würde auch gerne einen Raumanzug tragen und ein Raumfahrzeug fliegen.

(90 Wörter)

8.14 Von Dachsen, Luchsen, Füchsen und Wölfen (ch, h, chs)

Früher gab es viele wilde Tiere im Wald, aber so langsam verschwanden sie immer mehr, da der Mensch in ihr Gebiet eindrang. Seit einiger Zeit gibt es wieder Wölfe und Luchse, Dachse und Füchse. Der Luchs zählt zu den größeren Raubtieren und ist so scheu, dass man ihn kaum zu sehen bekommt. Man kann ihn an seinen Pinselohren erkennen. Aber auch Dachse sind sehr scheue Tiere, ebenso wie Wölfe, die uns zwar an den Hund erinnern, aber natürlich nicht **domestiziert** sind. Dachse verlassen ihren Bau nur nachts und streifen auf der Suche nach Nahrung in der Dunkelheit umher. Sie haben ein weißes Gesicht mit einem schwarzen Streifen, der von der Nase bis zum Ohr verläuft. Manchmal teilen sie sich auch mit einer Fuchsfamilie den Bau. Den Fuchs kennen wir aus Fabeln und Geschichten und er wird immer als sehr schlau dargestellt.

(147 Wörter)

8.15 Der Inhalt

Tim schreibt eine Geschichte über seine gesammelten Erinnerungen.
Die Überschrift heißt: „Jungen und Mädchen".
Die Einleitung macht neugierig auf seinen Text.
Tim ist gerne ein Junge. Er mag Fußball, laute Musik und denkt sich oft verrückte Sachen aus. Er findet viele passende Ausdrücke, um Mädchen zu beschreiben. Mädchen mögen Pferde und Ponys, sie telefonieren stundenlang mit ihren Freundinnen und machen sich gerne schick. Jungen und Mädchen spielen zusammen am Computer und manchmal spielen sie zusammen Tennis. Auch lachen sie manchmal über die gleichen Witze. „Mädchen korrigieren gerne", findet Tim, und „Jungen spinnen gerne", meint Lisa.   (97 Wörter)

8.16 Jakob lernt fliegen

Elvira und Hannes konnten Jakob innerhalb von einem Jahr sehr viel beibringen. Nach einem Jahr trafen sie sich alle wieder. Elvira war aufgeregt und hoffte so sehr, dass Jakob es schaffen würde.
Er wurde vom Felsen herunter geschubst und sollte fliegen. Aber stattdessen tauchte er ins Wasser und kam mit einem Fisch im Schnabel wieder heraus. Danach flog er durch die Lüfte.
Die Ältesten sagten, dass er nun auf der Insel bleiben dürfe. Alle freuten sich für Jakob. Am Ende sang Jakob noch ein Lied über das Meer.   (91 Wörter)

8.17 Maja und Jan auf einem Fahrrad-Parcours

Jan fährt auf einem Einrad. Es hat keine Glocke, kein Licht, keine Reflektoren und keinen Lenker. Ist das Fahrrad verkehrssicher?

Zuerst rollt Maja langsam über eine Wippe und Jan transportiert vorsichtig einen Wasserbecher. Er hält mit beiden Armen das Gleichgewicht. Beide umrunden danach acht Dosen im Slalom und fahren im Kreis herum ohne anzuhalten. Jan dreht dabei seinen Körper. Zum Schluss treten sie in die Pedale und fahren um eine Kurve, dann ganz schnell geradeaus und stoppen am Ziel. Jetzt muss Jan noch lernen richtig abzusteigen.   (93 Wörter)

8.18 Unterwegs mit dem Fahrrad

Nina will sich mit ihrer Freundin Alena an der Brücke am Wehr an der Isar treffen. Sie sind Tutoren der Klasse 5a, das heißt, sie kümmern sich gemeinsam darum, dass die Kleinen sich an der neuen Schule orientieren können und sich eine gute Klassengemeinschaft bildet.

Sie haben eine interessante Schatzsuche für ihre sogenannten „Tuttis" (diktieren) vorbereitet.

Um den Jüngeren ein Vorbild zu sein, prüft Nina ihr Fahrrad auf Sicherheit, bevor sie losfährt. Vorsichtig drückt sie die Vorderbremse, prüft das Vorderlicht so wie das Rücklicht und stellt den Sattel ein.

Jetzt aber nichts wie los, sonst muss Alena warten.

Doch fast hätte sie etwas vergessen – den Helm.   (111 Wörter)

8.19 Ritter und Knappe

Ritter lebten im Mittelalter in Burgen. Diese waren oftmals auf einem Hügel gebaut und ein guter Schutz vor Feinden.

Burgen, die nicht auf Anhöhen errichtet wurden, erhielten zum Abhalten der Feinde meistens wasserhaltige Gräben. Solche Burgen nennt man Wasserburgen. Ein Fürst konnte seine Ritter gegen die Ritter eines anderen Fürsten in den Kampf schicken. Auch die Bauern der Fürsten mussten mit in den Kampf ziehen. Während die Ritter mit Pferd und eiserner Rüstung in den Krieg zogen, mussten die Bauern zu Fuß und ohne Rüstung kämpfen.

Außerdem hatten viele Ritter einen Knappen, der sie im Krieg begleitete, ohne jedoch selbst an Kämpfen teilzunehmen. In dieser Zeit kümmerte sich der Knappe um die Pferde und die Waffen und versorgte seinen Herren.

Des Weiteren half er dem Ritter in die Rüstung und in den Sattel. Wenn nötig trug er auch Helm und Schild des Ritters.

(146 Wörter)

8.20 Computer und Technik

Heute **wächst** die Jugend mit sehr viel **Technik** auf. Fast jeder Haushalt verfügt über einen Fernseher, einen Comp**u**ter und oft hat jedes Familienmitglied ein eigenes Handy. Technik in der Küche oder im Bad sind nicht mehr wegzudenken - Herd, Backofen, Föhn und **vieles** mehr.

Viele Ski**zz**en für Häuser, Zimmereinrichtungen oder Gartengestaltung werden heute mit Computerprogrammen erstellt. Auch Schüler nutzen intere**ss**iert das Internet - zum Beispiel für **Recherche**arbeiten zu **Referaten**. Du kannst fast alles im Internet erfahren und sogar Freunde im Ne**tz** finden. Aber das Internet birgt auch Gefahren. Jeder sollte darauf achten, keine persönlichen Daten im Netz bereitzustellen, keine Adre**ss**e und keine Telefo**nn**u**mm**er. Man kann sich auch nie sicher sein, ob das, was ein Freund schreibt, den man nur aus dem Ne**tz** ke**nn**t, i**mm**er der Wahrheit entspricht.   (130 Wörter)

8.21 Wasser - ein hohes Gut

In Deutschland ist es selbstverständlich, da**ss** wir täglich genügend Trinkwasser zur Verfügung haben. Wir verwenden selbst zum Duschen Trinkwasser. In vielen Teilen der Welt aber ist Wasser leider Mangelware und sehr wert**voll** für die Menschen. Wo Wasserknappheit herrscht – wie zum Beispiel in vielen Teilen Afrikas - muss das kostbare Gut häufig von **weither** geholt werden. Es gibt dort keine Wasserleitungen und die wenigen Wasserstellen sind nur während der Regenzeit gut mit Wasser gefüllt. In Zeiten der Trockenheit gibt es nur an manchen Brunnen noch Wasser. Das **Schöpfen** des Wasser**s** aus diesen Brunnen ist oftmals Schwer**st**arbeit. Die Wasserversorgung der Famil**ie** ist Aufgabe der Frauen und Mädchen, die meist stundenlang zu Fuß zur näch**st**en Wasserquelle laufen müssen, anstatt in die Schule zu gehen.   (126 Wörter)

8.22 Entstehung von Wolken und Niederschlag

Wolken sind eine Ansammlung von sehr kleinen Wassertropfen in der Atmosphäre und ein Teil unseres Wasserkreislaufs.

Sie entstehen, indem das Wasser aus Flüssen, Seen und Meeren durch die Sonneneinstrahlung verdunstet und durch die kühle Luft in den höheren Luftlagen kondensiert.

Niederschlag entsteht durch das Zusammentreffen sehr vieler Wassertröpfchen, durch die die Wolke irgendwann zu groß und zu schwer wird. Durch die Last bricht die Wolke, wir sprechen auch von einem Wolkenbruch, und es fängt an zu regnen. Das Regenwasser fließt zurück in die Gewässer oder versickert im Boden. An Wasserquellen tritt das Wasser wieder aus dem Boden.

Die unterschiedlichen Niederschlagsarten wie Regen, Hagel oder Schnee werden durch die unterschiedlichen Temperatur- und Windverhältnisse beeinflusst.

Es gibt auch Schönwetterwolken, die sogenannten Kumuluswolken oder auch die Schleierwolken. Zirruswolken (auch Cirruswolken) deuten keinen Niederschlag an.

(136 Wörter)

8.23 Schule mit links

Felix will gerade zum Spielen rausgehen, da fällt ihm ein: „Verflixt, morgen schreiben wir eine Probe!" Er ruft seinen besten Freund Max an: „Hallo, hier ist Felix. Hast du schon für morgen gelernt? Blickst du da durch?"

„Klar!", antwortet Max spontan.

„Und du bist wirklich schon fix und fertig? Hast du irgendwelche Tricks auf Lager, Spickzettel oder so?", fragt Felix ungläubig.

„Um Himmels Willen, nein! Ich erkläre dir jetzt, wie ich das mache", entgegnet Max: „Ich bereite mich täglich sechs Minuten auf jedes Fach vor. Durch die Extraaufgaben ist die nächste Probe ein Klacks für mich. Wenn ich morgens ausgefragt werde, bin ich immer vorbereitet. Abends im Bett lese ich verschiedene Texte aus Wissenschaft und Technik für Kinder. Falls ich gar nichts kapiere, benutze ich noch ein Lexikon."

Felix beendet anerkennend das Gespräch: „Du bist ein echter Fuchs! Vielleicht sind diese Tricks auch was für mich."

(150 Wörter)

8.24 Das Wetter

Zum Wetter gehören diverse Elemente: die **Bewölkung**, der **Wind**, der **Nieder**schlag und die **Temperatur**. Der **Wetterbericht** erklärt, wie das Wetter in den nächsten Tagen sein wird. Wolken sind **Wetterboten**. Kleine sogenannte Schönwetterwolken nennen wir im Fachterminus Kumuluswolken oder Haufenwolken. Am sonst blauen Himmel kündigen diese schönes Wetter an.
Die **Temperatur** messen wir mit einem **Thermometer**, die Luftfeuchtigkeit mit einem **Hygrometer**. Der **Luftdruck** wird mit Hilfe des **Barometers** gemessen.
Das **Anemometer** misst die Windgeschwindigkeit. Die Windstärke wird auf der Beaufort (bitte buchstabieren) **Skala** von null bis zwölf eingeteilt. Windstärke **null** bedeutet **Windstille**, bei Windstärke **drei** brechen bereits dünne Zweige, Blätter bewegen sich, wir sprechen von einer schwachen **Brise**. Bei Windstärke **sechs** hat der Wind eine Geschwindigkeit zwischen 40 km/h und 50 km/h. Schwere Äste von Bäumen bewegen sich. Von einem Sturm sprechen Meteorologen ab Windstärke **acht**, der Wind fegt nun mit einer Geschwindigkeit von **zirka** 75 bis 88 km/h durch die Luft. Von einem **Orkan** ist die Rede bei der höchsten Windstärke - **zwölf**. (Zahlen bis zwölf werden immer ausgeschrieben!)   (166 Wörter)

Information: km/h → Kilometer pro Stunde → das h kommt aus dem Englischen „hour" = Stunde.

8.25 Viele Fragen!

Schaukeln Schaukeln im Wind?
Quellen Quallen im Wasser auf und können ihre Knochen knacken, oder haben sie gar keine?
Quakt der Frosch, wenn er was sagen möchte, oder quakt er nur so vor sich hin?
Und Wölfe, Füchse, Luchse und Dachse - sind sie alle verwandt? Fressen sie das Gleiche? Und was genau kommt in den Fressnapf meines Hundes?
Der Nachbar hat erzählt, er sei von einem Wolf gebissen worden. Vielleicht stammt der Biss aber auch von einem weißen Schäferhund und er hat sich getäuscht?
Gibt es denn noch Wölfe in deutschen Wäldern?
Auf jeden Fall ist er schnell mit dem Bus in das Krankenhaus gefahren. Dort wurde die Wunde gesäubert und mit Nadel und Faden genäht.
Seine Freundin hat ihm einen dicken **Kuss** gegeben und schon war alles vergessen!
Manchmal ist er allerdings noch ängstlich. Wenn er ein Geräusch im Garten hört, **quält** ihn die Frage: „Gibt es hier Wölfe oder höre ich nur Schaukeln im Wind?"
                                        (161 Wörter)

8.26 Wie das Virus unsere Schule und unser Leben verändert

Laut Robert Koch-Institut (abgekürzt RKI) sind Kinder seltener von einer Sars-CoV-2-Infektion betroffen als Erwachsene. Noch ist aber nicht endgültig geklärt, ob sie grundsätzlich weniger empfänglich für eine Erkrankung sind. Es gibt mehrere Studien, wonach sich Kinder seltener anstecken, wenn sie mit einer infizierten Person in einem Haushalt zusammenleben. Infizierte Kinder haben meist nur sehr milde oder gar keine **Symptome**. Trotzdem waren unsere Schulen lange geschlossen und es musste zu Hause **online** gelernt werden.
Leicht ist die **Situation** nicht. Stress, Angst und Depressionen haben bei Kindern in der Pandemie zugenommen. Die Kinder sind laut der Studie häufiger gereizt, hätten Einschlafprobleme und klagten über Kopf- und Bauchschmerzen.
„Mama, wann ist dieses Corona endlich vorbei?", fragten Kinder oft. Die wochenlange Kontaktsperre zu Freunden und Familie war sehr hart, dass alle Spielplätze geschlossen waren kaum auszuhalten.
Viele Familien genossen aber auch die unverhoffte Zeit miteinander.

(151 Wörter)

9 Aufsatz

9.1 Tipps zum Aufsatz

In diesem Kapitel möchten wir dir ein paar Tipps zum Schreiben eines Aufsatzes geben. Wenn du diese beherzigst, kannst du beim Schreiben deines Aufsatzes richtig punkten.

Wir schreiben zu allen Aufsatzarten Beispielaufsätze und beschränken uns hierbei darauf, nur positive Beispiele zu nennen. Du kannst zu den einzelnen Themen erst einen eigenen Aufsatz schreiben. Hierbei solltest du dir ruhig die Tippseiten zu Hilfe nehmen, um abwechslungsreiche Satzanfänge, Verben und Adjektive zu verwenden. Anhand der Bewertungstabellen kannst du deinen Aufsatz dann bewerten, um ihn anschließend mit unseren Beispielen zu vergleichen und Unterschiede herauszuarbeiten.

Einige Schritte, die du beim Aufsatzschreiben beachten solltest.

Ein Aufsatz wird grundsätzlich in drei Abschnitte geteilt - **Einleitung, Hauptteil, Schluss** – wobei **Einleitung und Schluss ungefähr ein Drittel** des gesamten Aufsatzes einnehmen sollten und der **Hauptteil zirka zwei Drittel.**

Die einzelnen Abschnitte sollten durch einen **Absatz auch optisch getrennt** werden.

9.1.1 Die wichtigsten sieben Schritte

Die W-Fragen: (wer, was, wann, wo, wie, warum, weshalb)

1. Gib die <u>Zeit und den Ort</u> an, in dem deine Geschichte spielt. **(wann/wo)**

2. Mache möglichst genaue Angaben, von wem deine Geschichte handelt. **(wer)**

3. Beim Höhepunkt geschieht etwas <u>Unerwartetes</u>. **(was)**

4. Beschreibe die <u>Folgen des Geschehens</u> möglichst genau und baue viel <u>wörtliche Rede</u>, <u>Gedanken</u> und <u>Gefühle</u> ein. **(warum/weshalb)**

5. Was ist das <u>Ergebnis?</u>

6. Wie <u>endet</u> die Geschichte? (Schluss)

7. Finde eine <u>Überschrift</u>, die passend ist und neugierig macht.

9.1.2 Zusammenfassung Zeichensetzung wörtliche Rede

Da die Verwendung der wörtlichen Rede im Aufsatz sehr wichtig ist, fassen wir hier die Zeichensetzung in der wörtlichen Rede nochmals kurz zusammen.

Wörtliche Rede im Überblick:

1. Der **Begleitsatz** steht **vor** dem Sprechsatz:

Tina **meint:**	„Heute war ein wirklich schöner Tag."
Marco **fragt:**	„Papa, darf ich bitte zum Schwimmen gehen?"
Nico **ruft:**	„Paul, schick dich bitte!"

2. Der **Begleitsatz** steht **hinter** dem Sprechsatz:

„Heute war ein wirklich schöner Tag",	**meint** Tina.
„Papa, darf ich bitte zum Schwimmen gehen?",	**fragt** Marco.
„Paul, schick dich bitte!",	**ruft** Nico.

3. Der **Begleitsatz** steht **zwischen** dem Sprechsatz:

„Heute",	**meint** Tina,	„war ein wirklich schöner Tag."
„Papa",	**fragt** Marco,	„darf ich bitte zum Schwimmen gehen?"
„Paul",	**ruft** Nico,	„schick dich bitte!"

9.1.3 Sprachliche Mittel

Achte unbedingt auf <u>unterschiedliche Satzanfänge</u>, <u>spannende</u> und <u>abwechslungsreiche Adjektive</u> (Wiewörter/Eigenschaftswörter) und verwende <u>unterschiedliche Wörter zu einem Wortfeld</u>. Hier findest du ein paar Beispiele, die du dir beim Schreiben von Hausaufsätzen zu Hilfe nehmen solltest.

Satzanfänge:

Plötzlich ... Schließlich ... Endlich ... Nachdem ... Später ... Trotzdem ... Nun ... Unterdessen ... Während ... Währenddessen ... Dennoch ... Auf einmal ... Zuerst ... Zunächst... Anfangs ... Vorher ... Nachher ... Dann ... Darauf ... Danach ... Im Anschluss ... Zum Schluss ... Zuletzt ... Anschließend ... Abschließend ... Am Anfang ... Eines Tages ... Kurz darauf ... Inzwischen ... Zufällig ... Zur selben Zeit... Stunden später ...

Wortfeld „sagen":

berichten, erklären, mitteilen, besprechen, nennen, rufen, schreien, stottern, stammeln, reden, anreden, ansprechen, besprechen, absprechen, versprechen, murmeln, erwähnen, erwidern, plaudern, klagen, bedauern, unterhalten, ...

Wortfeld „gehen":

rennen, flitzen, eilen, hüpfen, sprinten, sausen, schleichen, trotten, stolpern, marschieren, trödeln, stapfen, verlaufen, hetzen, jagen, huschen, hasten, rasen, marschieren, bummeln, waten, schreiten, ...

Wortfeld „sehen":

gucken, hingucken, weggucken, betrachten, bestaunen, klimpern, zwinkern, blicken, erblicken, hinblicken, zurückblicken, durchblicken, betrachten, umsehen, zusehen, bemerken, erkennen, blinzeln, glotzen, entdecken, erspähen, schauen, gaffen, ...

Adjektive (Wiewörter) sollen Sachen und Menschen näher beschreiben. Sie können die Dinge schöner oder hässlicher machen und immer beschreiben sie diese einfach etwas genauer.

Positive Adjektive:

schön, süß, niedlich, entzückend, toll, betörend, super, großartig, fantastisch, genial, grandios, gut, nett, brav, lieb, liebevoll, klug, lustig, sauber, zart, zärtlich, lustig, ...

Negative Adjektive:

böse, grausam, hässlich, verrückt, elend, arm, mies, gemein, boshaft, lasterhaft, rücksichtslos, dumm, gruselig, dreckig, schrecklich, brutal, traurig, gehässig, giftig, ...

Adjektive allgemein:

klein, groß, dünn, dick, kräftig, mollig, fett, blau, grün, warm, kalt, wild, zahm, sonnig, salzig, süß, stumpf, spitz, scharf, glatt, nass, trocken, stark, schwach, müde, hoch, tief, hell, dunkel, billig, teuer, günstig, witzig, ...

Zusammengesetzte Adjektive:

bärenstark, bildschön, federleicht, blitzgescheit, pfeilschnell, nagelneu, klitzeklein, butterweich, bettelarm, kinderleicht, schneeweiß, pechschwarz, riesengroß, rabenschwarz, steinreich, kunterbunt, ...

9.2 Übungsproben zum Aufsatz

9.2.1 1. Probe

Texte überarbeiten – Die Unfugtreiber

Arbeitsauftrag:

- ❖ Lies dir die Geschichte genau durch. Du wirst schnell merken, dass man einiges an der Geschichte **verbessern** kann.

- ❖ Verbessere die Fehler oder „Unfugtreiber", indem du in den Text hinein korrigierst, damit am Ende eine gute Geschichte entsteht.

- ❖ Unterstreiche die „Unfugtreiber". Gib jedem „Unfugtreiber" eine eigene Farbe.

Die folgenden „Unfugtreiber" haben sich im Text versteckt:

Ich vertreibe den „Dann und Danner", also die Wortwiederholung: **indem ich verschiedene Wörter und Satzanfänge verwende.**

Ich vertreibe den Zeitenflitzer, **indem ich mich auf eine Zeit einige, und am Ende noch einmal alle Zeiten überprüfe.**

Ich vertreibe den Punktefresser, indem ich immer darauf achte, **einen Punkt am Ende des Satzes zu setzen.**

Ich vertreibe die „Ungenaue", indem ich immer **alles genau beschreibe.**

Ich vertreibe die Schlafmütze, indem ich meinen **Aufsatz spannend gestalte und mich nicht wiederhole.**

Aufgepasst, dass die Geschichte nicht zum Einschlafen langweilig wird!

Text:
Achtung: Text enthält zahlreiche Fehler

Unsere neue Buchhandlung

Am Ende unserer Straße wurde eine neue Buchhandlung eröffnet. Also ging ich heute gleich hin. Ich war sehr früh dort, aber es war schon viel los.

Ich sah einen Mann vorne Ich sagte: „Guten Morgen!" Der Herr aber antwortete nicht. Vielleicht hatte er mich nicht gehört oder er hatte etwas vor und war in Gedanken? Dann gehe ich weiter und schaute mir die Regale an. Aber was sehe ich da! Der Mann näherte sich unauffällig dem Regal Er nahm es einfach heraus und steckte es in seinen Mantel. Ich sagte zu mir: „Das ist bestimmt ein Dieb!" Dann gehe ich zur Verkäuferin und sagte es ihr leise. Dann renne ich ihm hinterher Dann sauste er um die Ecke und, ehe ich mich versah, war er verschwunden.

Dann kam die Polizei und ich sagte: „Ich habe ihn gesehen und kann ihn beschreiben!" Nachdem die Polizei meine Aussage aufgenommen hatte, rauschte sie mit Blaulicht davon, um den Dieb zu fangen. Sie schnappen ihn tatsächlich in kürzester Zeit.

Lösung:

Unsere neue Buchhandlung

Am Ende unserer Straße wurde eine neue Buchhandlung eröffnet. Also ging ich heute gleich hin. Ich war sehr früh dort, aber es war schon viel los.
Ich sah einen Mann vorne[1]. Ich sagte: „Guten Morgen!" Der Herr aber antwortete nicht. Vielleicht hatte er mich nicht gehört oder er hatte etwas vor und war in Gedanken? Dann[2] gehe[3] ich weiter und schaute mir die Regale an. Aber was sehe[4] ich da! Der Mann näherte sich unauffällig dem Regal. Er nahm es[5] einfach heraus und steckte es in seinen Mantel. Ich sagte[6] mir: „Das ist bestimmt ein Dieb!" Dann[7] gehe[8] ich zur Verkäuferin und sagte[9] es ihr leise. Dann[10] renne[11] ich ihm hinterher . Dann[12] sauste er um die Ecke und, ehe ich mich versah, war er verschwunden. Dann[13] kam die Polizei und ich sagte[14]: „Ich habe ihn[15] gesehen und kann ihn beschreiben!" Nachdem die Polizei meine Aussage aufgenommen hatte, rauschte sie mit Blaulicht davon, um den Dieb zu fangen. Sie schnappen[16] ihn tatsächlich in kürzester Zeit.

---

[1] in der Kinderbuchabteilung / in der Nähe von... (ungenau, rosa)

[2] ~~dann~~ (Wortwiederholung, blau) Ich ging (Zeit, gelb unterstreichen) weiter

[3] ging (Zeit, gelb unterstreichen), laufe, schlendere (Wortwiederholung, blau)

[4] sah (Zeit, gelb unterstreichen)

[5] ein Buch (ungenau, rosa)

[6] flüsterte, wisperte (Wortwiederholung, blau)

[7] Sofort (Wortwiederholung, blau)

[8] ging (Zeit, gelb unterstreichen)

[9] erzählte (Wortwiederholung, blau)

[10] Schnell (Wortwiederholung, blau)

[11] rannte (Zeit, gelb unterstreichen)

[12] Flugs, sodann, daraufhin, (Wortwiederholung, blau)

[13] Kurz darauf (Wortwiederholung, blau)

[14] berichtete, erzählte, erklärte ... (Zeit, gelb unterstreichen)

[15] den Dieb (ungenau, rosa)

[16] schnappten (Zeit, gelb unterstreichen)

18 Punkte. Fehlende Punkte 4 = 22 Punkte

9.2.2 2. Probe

Texte überarbeiten – Die Unfugtreiber

Arbeitsauftrag:

❖ Lies dir die Geschichte genau durch. Du wirst schnell merken, dass man einiges an der Geschichte verbessern kann.

❖ Verbessere die Fehler oder „Unfugtreiber", indem du in den Text hinein korrigierst, damit am Ende eine gute Geschichte entsteht.

Ein Bauer trieb ein Pferd und einen Esel, beide gleichmäßig beladen, zu Markte. Dann als sie schon eine gute Strecke vorwärts gegangen waren, fühlt der Esel seine Kräfte dann abnehmen Ach , bat er das Pferd kläglich: "Du bist viel größer und stärker als ich und doch hast du nicht schwerer zu tragen. Nimm mir einen Teil meiner Last ab, sonst erliege ich!"

Hartherzig schlägt ihm das Pferd seine Bitte ab und sagt: "Ich habe selbst meinen Teil und genug daran zu tragen."
Keuchend schleppt sich der Esel weiter, bis er danach schließlich erschöpft zusammenbrach.

Dann vergeblich hieb der Herr auf ihn ein, er war tot. Danach blieb nun nichts weiter übrig, als die ganze Last des Esels dem Pferde aufzupacken, und um doch etwas von dem Esel zu retten, zog ihm der Besitzer das Fell ab und legte auch dieses dem Pferde noch oben auf

Zu spät bereut dieses seine Hartherzigkeit. "Mit leichter Mühe", so sagte es, "hätte ich dem Esel einen kleinen Teil seiner Last abnehmen und ihn vom Tode retten können. Jetzt muss ich seine ganze Last und dazu noch seine Haut tragen."

Hilf zeitig, wo du helfen kannst. Hilf dem Nachbarn löschen, ehe das Feuer auch dein Dach ergreift

Um was für eine Art von Text handelt es sich? Es handelt sich um:

_____

Von 20 Punkten hast du _____ erreicht.

Lösung zum Fabeltext:

Ein Bauer trieb ein Pferd und einen Esel, beide gleichmäßig beladen, zu Markte. ~~Dann~~[17] Als sie schon eine gute Strecke vorwärts gegangen waren, fühlte[18] der Esel seine Kräfte ~~dann~~[19] erlahmen. "Ach"[20], bat er das Pferd kläglich: "Du bist viel größer und stärker als ich und doch hast du nicht schwerer zu tragen. Nimm mir einen Teil meiner Last ab, sonst erliege ich.[21]"

Hartherzig schlug[22] ihm das Pferd seine Bitte ab und sagt[23]: "Ich habe selbst meinen Teil und genug daran zu tragen."

Dann[24] schleppte[25] sich der Esel keuchend weiter, bis er danach[26] schließlich erschöpft zusammenbrach.

---

17 Dann streichen

18 Zeitstufe des Verbes

19 dann streichen

20 Punkt, Anführungszeichen

21 Punkt

22 Zeitstufe des Verbes

23 entweder streichen (und sagt) oder und erwidert (Wiederholung des Verbs)

24 Dann streichen und Satz umformulieren (Der Esel schleppte sich...)

25 Zeitstufe Verb

26 streichen: danach und endlich sind Doppelungen

~~Dann~~ Vergeblich[27] hieb der Herr auf ihn ein, er war tot. Danach[28] blieb nun nichts weiter übrig, als die ganze Last des Esels dem Pferde aufzupacken, und um doch etwas von dem Esel zu retten, zog ihm der Besitzer das Fell ab und legte auch dieses dem Pferde noch oben auf.[29]

Zu spät bereute[30] dieses[31] seine Hartherzigkeit. "Mit leichter Mühe", so sagte[32] es, "hätte ich dem Esel einen kleinen Teil seiner Last abnehmen und ihn vom Tode retten können. Jetzt muss ich seine ganze Last und dazu noch seine Haut tragen."

Hilf zeitig, wo du helfen kannst. Hilf dem Nachbarn löschen, ehe das Feuer auch dein Dach ergreift![33]

Um was für eine Art von Text handelt es sich? Es handelt sich um: **eine Fabel**[34]:

---

27 Dann streichen, Satzanfang groß

28 Danach streichen: ..Es..

29 Punkt

30 Zeitform Verb

31 Ungenauigkeit – das Pferd

32 Wiederholung Verb: klagte es

33 Ausrufungszeichen (Punkt)

34 3 Punkte für den Begriff Fabel

9.3 Der Brief

In diesem Kapitel sollst du den Unterschied zwischen einem privaten und einem formellen Brief kennenlernen sowie den grundsätzlichen Aufbau und die Formalien eines Briefes.

Beim **Brief** müssen die **Formalien** (Datum, Anrede, Gruß) stimmen. Dennoch benötigst du auch hier eine Einteilung in **Einleitung, Hauptteil und Schluss.**

Mach dir immer einen Schreibplan und schreibe auf:

- Wem möchte ich schreiben? (Adressat)
- Weshalb möchte ich schreiben? (Dankesbrief, Gratulation, Interesse...)
- Worüber möchte ich schreiben? (Thema)
- Wie bringe ich die Einzelheiten in eine sinnvolle Reihenfolge?

Prüfe zum Schluss stets, ob die Formalien eingehalten sind.

Beispiel für die Bewertung eines Briefes:

Inhalt 11 Punkte	Punkte
- Du hast an die formalen Bestandteile des Briefes gedacht: → an Ort, Datum, Anrede, Grußformel und Unterschrift.	3
Du hast die inhaltlichen Punkte des Brieftextes ausführlich beschrieben:	
- Einleitender Satz, z. B. der Dank für das Geburtstagsgeschenk, Geburtstagsgrüße.	2
- Schilderung eines Geschehens Schilderung eines Ausfluges / Festes / Geburtstags …	4
- Persönliche Fragen	2
- Grüße	1
- Dein Brief endet mit einem passenden Schlusssatz.	1
Sprache 12 Punkte	Punkte
- Abwechslungsreiche Satzanfänge	2
- Vermeidung von Wortwiederholungen	2
- Formulierung sinnvoller Sätze, richtiger Satzbau.	2
- Verwendung unterschiedlicher und treffender Verben und Adjektive.	4
- Rechtschreibung Lernwörter und verwandte Wörter sind fehlerfrei geschrieben. Nomen und Satzanfänge sind immer großgeschrieben.	2

25	25 – 22 1	21 – 19 2	18 – 16 3	15 – 13 4	12 – 9 5	8 – 0 6

Briefumschlag: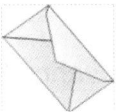

So beschriftet man einen Briefumschlag:
Auf die obere linke Seite des Briefumschlags wird die Anschrift des Absenders geschrieben. Dazu gehören neben dem Namen auch die Straße, die Hausnummer, die Postleitzahl und der Ort. Dies ist deshalb so wichtig, damit die Post, wenn der Empfänger den Brief nicht erhält, den Brief wieder zurückschicken kann.

Im unteren rechten Viertel schreibt man den Adressaten – die Adresse des Empfängers. Auch hier ist es wichtig, dass die Adresse vollständig und korrekt ist, da der Empfänger den Brief sonst nicht erhält. Lieber zweimal kontrollieren, häufige Fehler sind Zahlendreher in Postleitzahl und Hausnummer.

Die Briefmarke wird oben rechts aufgeklebt. Der Preis der Briefmarke ist abhängig von Briefformat und Gewicht.

Nina Mayer
Ostenstr. 13
80801 München

Max Mustermann
Musterstr. 17
80803 München

Inhalt:

Warum schreibt man einen privaten Brief?

Es gibt verschiedenste Gründe einen privaten Brief zu schreiben:
- Als Entschuldigung
- Liebesbrief
- Mitteilen von Geheimnissen
- Grüße aus dem Urlaub
- Glückwünsche
- Wichtige Neuigkeiten
- Einladung zu einer Veranstaltung

Bevor du einen Brief schreibst, müssen einige Fragen geklärt sein.
Fasse diese zunächst als Notizen zusammen:
- An wen geht der Brief?
- Was ist der Anlass des Briefes?
- Was möchte ich dem anderen mitteilen?
- Ist der Brief traurig, lustig, oder spannend,...?
- Wie plane ich den Aufbau des Briefes?

Aufbau eines Briefes. Wie schreibt man einen privaten Brief?

Der Aufbau eines Briefes gleicht dem eines Aufsatzes. Auch ein privater Brief besteht im Regelfall aus einer **Einleitung, einem Hauptteil und einem Schluss**. Zusätzlich enthält der Brief noch einige Angaben, die im Folgenden erläutert werden.

Ort und Datum

Am Anfang jedes Briefes stehen am **rechten oberen Rand** das Datum und der Ort, an dem der Brief geschrieben wurde.

> **Beispiel:**   München, 15.12.2018
> Bei den restlichen Zeilen fängst du immer am linken Rand an zu schreiben.

Die Anrede

Der nächste Punkt des Briefes ist die Anrede. Mit der Anrede sprichst du den Empfänger direkt an. Die Anrede ist immer abhängig davon, wie man zum Adressaten steht.

> **Beispiele:**
>
> - Freunde: „*Lieber Paul,*", „*Hallo Papa*", „*Liebste Marie,*"
> - Fremde, Geschäftskontakte:
>   „*Sehr geehrte Frau Mayer,*"
>   „*Sehr geehrte Damen und Herren,*"

Der Einleitungssatz

Um einen geeigneten Einleitungssatz zu finden, kannst du den Vergleich mit einem Gespräch heranziehen. Stell dir einfach vor, wie du mit der Person, an die du den Brief schreibst, ein Gespräch beginnen würdest. Genauso schreibst du es dann auf.

> **Beispiele:**
>
> „*Wie geht es dir?*", „*Wir haben uns lange nicht gesehen*", …

Der Inhalt des Briefes

Du kannst für den Brief einfach die Notizen verwenden, die du dir bei der Vorbereitung gemacht hast. Achte darauf, diese richtig zu verpacken und zu zeigen, dass du dich tatsächlich für den Adressaten interessierst, indem du ihn im Brief mehrfach ansprichst.

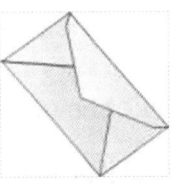

Interesse und Anteilnahme im Brief zeigen

Folgende Formulierungen können dir dabei helfen, Interesse und Anteilnahme zu zeigen:

- *Warum haben wir uns schon so lange nicht mehr gesehen?*
- *Da musste ich direkt an dich denken.*
- *Was sagst du dazu?*
- *Ich weiß genau, wie du dich jetzt gerade fühlst.*
- *Ich drücke dir die Daumen.*

Grußformel am Ende

Am Ende des Briefes steht ein Gruß, bei dem es wie bei der Anrede darauf ankommt, wie du zum Empfänger stehst.

Beispiele:
- *„Dein Paul",*
- *„Mit freundlichen Grüßen*
  Peter Mayer"
- *„In Liebe Christina"*
- *Liebe Grüße*
  Deine Nina
- *...bis bald!*
  Deine Tina

Das PS im Brief

Wenn du nach dem eigentlichen Ende des Briefes doch noch etwas sagen oder betonen möchtest, kannst du dies mit einem sogenannten PS: machen (PS: kommt aus dem Lateinischen: **p**ost **s**criptum – nach dem Schreiben, nachträglich dazuschreiben).

Zum Beispiel kann man so in einem Brief an seine Freundin alle Dinge sagen und nach dem eigentlichen Brief verdeutlichen, dass man sie liebt.

...ich hoffe wir sehen uns bald wieder
dein Paul

PS: Ich liebe dich!

9.3.1 Steckbrief / Checkliste

Steckbrief persönlicher und formeller Brief:

	persönlicher Brief	formeller Brief
Briefkopf	Ort, Datum	Absender links / rechts Ort, Datum Adressat links Betreff
Anrede	persönliche Anrede	formelle Anrede
Einleitung	Frage nach dem Wohlbefinden des Adressaten	Bezug zur Betreffzeile
Inhalt	schildern eigener Erlebnisse persönliche Ansprache / Fragen Geheimnisse …	sachliche Ausführung des Briefgrundes: Bewerbung, Beschwerde, Anfrage Beachte Pronomen in der Höflichkeitsform (Sie / Ihre)
Abschieds-gruß	persönliche Grußformel *eigenhändige Unterschrift*	formeller Abschied: Mit freundlichen Grüßen /Hochachtungsvoll *eigenhändige Unterschrift*

Mithilfe der Checkliste kannst du deinen Brief überprüfen. Kontrolliere, ob du alle wichtigen Punkte eingehalten hast.

CHECKLISTE

- ➤ Ort/Datum vorhanden?   O
- ➤ Absender korrekt?   O
- ➤ Adressat korrekt?   O
- ➤ Leerzeilen beachtet?   O
- ➤ Passende Anrede verwendet?   O
- ➤ Komma nach der Anrede gesetzt?   O
- ➤ Einteilung in Einleitung, Hauptteil und Schluss?   O
- → Alle durch Absätze getrennt?
- ➤ Höflichkeitsform bei formellen Briefen beachtet?
Großschreibung bei den Anredepronomen (Sie / Ihr)?   O
- ➤ Gehst du auf den Adressaten ein?   O
- ➤ Falls es sich um einen Antwortbrief handelt, hast du offene Fragen beantwortet?   O
- ➤ Wird der Adressat mehrfach angesprochen?   O
- ➤ Überleitung zur Grußformel?   O
- ➤ Passende Grußformel gefunden?   O
- ➤ Rechtschreibung und Zeichensetzung beachtet?   O
- ➤ Keine Umgangssprache verwendet?   O

9.3.2 Beispiel 1 - Privater Brief

Notizen:
- Adressat: Freundin, die vor den Sommerferien weggezogen ist.
- Du interessierst dich dafür, wie es ihr geht und ob sie sich eingelebt hat.
- Das neue Schuljahr hat begonnen.
- Du willst deine Freundin auf dem Laufenden halten.

München, 15.05.2022

Liebe Alena,

wie geht es dir? Jetzt sind es schon fast zwei Monate seit du weggezogen bist. Ich hoffe, du hast dich in Singapur gut eingelebt. Hast du schon neue Freunde gefunden? Wie schmeckt dir das Essen dort?

Bei uns hat das neue Schuljahr vor zwei Wochen begonnen und unsere „Lehrerin" ist dieses Jahr ein Mann. Er ist der einzige Mann in der Schule, vom Hausmeister abgesehen ☺ .
Aber er ist sehr nett und sieht auch gut aus. Die Jungs freuen sich, dass wir in diesem Jahr einen Lehrer haben und sind auch nicht mehr so frech und laut wie im letzten Jahr bei Frau Knüppelkuh. Die Mädchen schwätzen und kichern weniger.

Wie läuft es denn bei dir? Hast du schon einem Tennisverein beigetreten? Schreib doch bitte bald zurück. Ich vermisse dich so.
Ich habe Mama gefragt, ob ich dich im Sommer besuchen darf. Sie will es noch mit Papa besprechen, aber ich bin ganz zuversichtlich ☺ .

Grüße bitte deine Eltern und Geschwister herzlich von mir. Ich drücke dich!
Bussi!
Deine Nina
PS: Mami ist gerade reingekommen und lässt euch auch lieb grüßen!

(180 Wörter)

Versuche den obigen Brief anhand der Bewertungskriterien zu bewerten.
Schreibe anschließend selber einen Brief an einen Freund oder eine Freundin und versuche auch diesen im Anschluss zu bewerten. Du darfst zum Üben immer die Seiten mit den Tipps verwenden.

9.3.3 Beispiel 2 - Privater Brief

Notizen:
- Adressat: Oma
- Opa ist krank.
- Du interessierst dich dafür, wie es Oma und Opa geht.
- Du möchtest Oma in den Herbstferien besuchen, um sie zu unterstützen und Opa aufzumuntern.

München, 25.10.2022

Liebe Oma,

Mama hat mir erzählt, dass Opa immer noch krank ist. Ich hoffe, er erholt sich bald von seiner Grippe. Wie geht es dir denn? Bitte pass auf, dass du dich nicht ansteckst.

Nächste Woche sind Herbstferien und ich habe mir überlegt, ich könnte zu euch an den Tegernsee kommen und dich ein bisschen unterstützen. Bestimmt geht es Opa dann schon etwas besser und ich kann ihn ablenken, indem ich Schach, Mühle oder „Mensch ärgere dich nicht" mit ihm spiele. Ich könnte ihm auch etwas vorlesen und du hast dann wieder ein bisschen Zeit für dich. Mama hat mir erzählt, dass Opa dich ganz schön auf Trab hält!

Übrigens, ich habe in der letzten Matheprobe eine Zwei geschrieben. Das kannst du Opa erzählen. Er freut sich immer besonders, wenn ich in Mathe gute Noten nach Hause bringe und das baut ihn bestimmt ein wenig auf.

Gib mir bitte bald Bescheid, ob ich kommen darf. Ich würde mich sehr freuen und Mama könnte mich auch fahren.

Ganz liebe Grüße und gute Besserung für Opa!

Dickes Bussi!
Dein Nico

(180 Wörter)

9.3.4 Beispiel 3 - Formeller Brief

Du antwortest auf folgende Anzeige im Wochenanzeiger:

> Junge Mops-Welpen zu verschenken:
> Wir wünschen uns für unsere kleinen „Möpse" eine liebevolle Familie, die den Hunden viel Liebe, Zeit und Auslauf bietet.
> Bei Interesse bitte melden unter: M. Bauer, Welpenstr. 4, 12345 Mopssingen

Notizen:
- Adressat: M. Bauer
- Du möchtest einen Welpen.
- Du erläuterst, weshalb deine Familie die ideale Familie ist.

Katherina Schmidt   Mopssingen, 25.11.2021
Veilchenstr. 7
12345 Mopssingen

Thomas Bauer
Welpenstr. 4
12345 Mopssingen

Ihre Anzeige im Wochenblatt

Sehr geehrter Herr Bauer,

im Anzeigenteil des Wochenblattes habe ich gelesen, dass Sie Mopswelpen verschenken.
Mein Bruder und ich wünschen uns schon sehr lange einen Hund und als ich unserer Mutter Ihre Anzeige vorgelesen habe, hat sie uns ermuntert uns zu bewerben.

Ich bin zehn Jahre alt und lebe mit meinen Eltern und meinem zwölfjährigen Bruder Peter in einem schönen Haus mit einem sehr großen Garten. Hinter unserem Haus ist ein großes Feld, wo wir täglich mit dem Hund Gassi gehen könnten.

Unsere Mutter hatte als Kind selber viele Jahre einen Schäferhund und kennt sich mit Hunden sehr gut aus. Da Mama meistens von zuhause arbeitet, kann sie sich vormittags auch um den Hund kümmern und nachmittags kümmern sich abwechselnd Peter und ich um das Tier. Auch die Urlaubszeit ist bei uns kein Problem. Da wir meistens ein Haus mieten, können wir den kleinen Mops problemlos mitnehmen.

Ich hoffe, ich konnte Sie davon überzeugen, dass der kleine Mops bei uns ein tolles, neues Zuhause finden könnte und Sie sich für uns als neue Hundefamilie entscheiden.
Sie können sich gerne auch telefonisch bei meinen Eltern melden unter: 0123/45678

Mit freundlichen Grüßen

Katherina Schmidt

(210 Wörter)

9.4 Beschreibung

Beschreibungen gehören zu den Sachtexten und werden im Präsens (Gegenwart) geschrieben. Jegliche Beschreibung beschränkt sich darauf, das zu schildern, was offenkundig und ersichtlich ist.

Es gibt verschiedene Arten der Beschreibung:

Personen-, Vorgangs-, Weg- und Bildbeschreibung
Bei jeder Art von Beschreibung ist die Beobachtung am wichtigsten. Du musst das, was du beschreiben möchtest, so genau wie möglich betrachten, um es exakt wiederzugeben. D. h. egal was du beschreiben möchtest, schreibe nicht einfach drauf los, sondern mache dir erst Gedanken, wie du es schaffst, dass jemand, der das, was du beschreibst, nicht kennt, trotzdem die gleichen Bilder im Kopf hat.

Steckbrief Beschreibung:

1. Schreibe immer im **Präsens**.

2. Verwende **unterschiedliche Satzanfänge**.

3. Achte auf den **Punkt am Satzende**.

4. Beschreibe so **genau** wie möglich.

5. Verwende **abwechslungsreiche Verben** und **treffende Adjektive**.

6. Um den Faden nicht zu verlieren, halte eine **Reihenfolge** ein! Beschreibe Personen vom Kopf bis zum Fuß, Bilder von oben nach unten oder links nach rechts. Einen Vorgang musst du nach dem zeitlichen Ablauf beschreiben.

7. Auch eine Beschreibung braucht einen passenden **Schluss – nicht vergessen**!

9.4.1 Personenbeschreibung

Eine Personenbeschreibung macht genau das, was ihr Name aussagt, die Person beschreiben – normalerweise äußerlich.

Personenbeschreibungen findest du zum Beispiel bei einer Vermisstenanzeige oder als Beschreibung eines Phantombildes der Polizei.

Es ist nicht einfach, eine Person zu beschreiben. Jeder Mensch ist etwas Besonderes, Einzigartiges und zeichnet sich durch seine besonderen Merkmale aus.

Um eine Person zu beschreiben, musst du genau diese Besonderheiten erkennen und schriftlich hervorheben.

Aufbau einer Personenbeschreibung:

1. Schreibe immer im Präsens und vermeide Wiederholungen.

2. Verwende unterschiedliche und abwechslungsreiche Verben

   (besitzt, trägt, hat an, zeigt, ...).

3. Verwende unterschiedliche Satzanfänge.

4. Versuche eine Reihenfolge einzuhalten. Beschreibe zum Beispiel von Kopf bis Fuß!

   - Gesamteindruck (Name, Alter, Größe, Gestalt, Geschlecht)
   - Gesicht (Haare, Frisur, Ohren, Gesichtsform, Gesichtsfarbe, Augenbrauen, Wimpern, Augen, Nase, Mund, Lippen, Zähne, Kinn)
   - Kopfbedeckung
   - Bekleidung
   - Schuhe, Socken
   - besondere Kennzeichen

5. Beschreibe die Person so genau wie möglich. Nach deiner Beschreibung sollte ein Maler in der Lage sein, die Person zu zeichnen oder zu malen.

6. In einer klassischen Personenbeschreibung wird auf charakteristische Merkmale verzichtet. Man beschreibt nur Äußerlichkeiten. In der Grundschule geht die Personenbeschreibung häufig auch in die Charakteristik über. Hierbei musst du neben den Äußerlichkeiten, sofern bekannt, auch die Eigenschaften einer Person darlegen.

   → Am besten klärst du das direkt mit deinem Lehrer oder deiner Lehrerin.

Falls bekannt, erwähne folgende Merkmale der Person:

- Vorname und Name
- Alter der Person
- Geschlecht
- Herkunft
- Beruf

Steckbrief Personenbeschreibung:

- Name, Alter, Geburtsdatum, Geburtsort, derzeitiger Aufenthaltsort
- Aussehen: Gestalt (Körperbau), Gesichtsform, Augen, Haare (Farbe, Frisur), besondere Merkmale (Brille, Narben, Muttermale …)
- Vorlieben: Lieblingsfarbe, Lieblingsessen, Kleider-, Bücher-, Musikgeschmack
- Familiäre Situation (Geschwister, Eltern, Kinder, Ehepartner …)
- Berufliche Situation (Schule, Studium, Beruf …)
- Zeitform: Präsenz
- Schlusssatz

Beliebte Personenbeschreibungen:

- Deinen besten Freund/Freundin
- Deinen Lehrer/in
- Ein Familienmitglied (Elternteil, Großeltern, Geschwister)
- Pumuckl
- Pippi Langstrumpf
- Harry Potter

In der nachstehenden Tabelle haben wir dir eine Wörterliste für eine Personenbeschreibung zusammengestellt.

Wörterliste für eine Personenbeschreibung

Allgemein:

Geschlecht:	Mädchen/Frau/Junge/Mann
Größe:	mittelgroß, klein, groß, ca. 1,75 m, riesig
Geschätztes Alter:	ungefähr zehn Jahre alt, älterer Herr, Dame mittleren Alters, junges Mädchen, in den besten Jahren
Körperstatur:	zart, dürr, zierlich, mager, dünn, schlank, schlaksig, schmächtig, schwächlich, dick, kräftig, mollig, stark, breit, muskulös, durchtrainiert, ...

Der Kopf:

Gesicht / Gesichtsform:	länglich, oval, rundlich, schmal, spitz, voll, blass, breit, faltig, frisch, glatt, grimmig, kantig, knochig, ...
Augen:	blau, braun, dunkel, geschwollen, grün, müde, scharf, stechend, strahlend, mandelförmig, groß, klein, ...
Augenbrauen:	buschig, dünn, ...
Wimpern:	lang, kurz, voll, ...
Nase:	breit, gebogen, klein, lang, schmal, spitz, Stupsnase, ...
Mund / Lippen:	breit, lächelnd, schmal, verbissen, verkniffen, voll, breit, schmal, voll, wulstig, ...
Zähne:	weiß, gelblich, kariös, Zahnlücke, Zahnspange, ...
Kinn:	Bart, Doppelkinn, Dreitagebart, kantig, schmal, stoppelig, vorspringend ...
Haare / Frisur:	blond, borstig, braun (brünett), schwarz, fein, gelockt, kraus, glatt, gepflegt, Glatze, kahl, kastanienbraun, kurz, lang, mittellang, struppig, voll, wellig, grau, ungepflegt, Zopf, Pferdeschwanz, ...
Blick:	finster, stechend, böse, verträumt, erstaunt, ernst, verschlafen, verlegen, spitzbübisch, grimmig, fröhlich, ...

Übriger Körper:

Haut:	hellhäutig, dunkelhäutig, sommersprossig, sonnengebräunt, ...
Hände:	feingliedrig, schmal, kräftig, stark, ...
Beine:	kurz, lang, dick, dünn, muskulös, O-Beine, X-Beine, ...
Füße:	klein, winzig, groß, ...

Kleidung:

Bei der Kleidung unterscheiden wir: Freizeit-, Alltags-, Sport-, Geschäftskleidung und festliche Kleidung

Kopfbedeckung:	Mütze, Kopftuch, Krone, …
Oberbekleidung:	T-Shirt, Hemd, Jacke, Mantel, Sakko …
Unterbekleidung:	Jogginghose, Jeans, Rock, Kleid, Minirock, Strumpfhose, Leggings …
Schuhe:	Turnschuh, Stiefel, Stiefeletten, Sandalen, …

Besonderheiten

Brille:	rahmenlos, rund, schmal, dunkel, elegant, farbig
Besondere Kennzeichen:	Narben, Wunden, Tätowierungen, Schmuck, Piercings, Augenklappe
Charaktereigenschaften:	sanft, liebevoll, vergesslich, verlässlich, (un-) geduldig, schüchtern, kameradschaftlich, hilfsbereit, (un-) folgsam, mutig, feige, ängstlich, …

9.4.1.1.   Bewertung deiner Personenbeschreibung

Inhalt:

1. Deine Beschreibung ist genau und ausführlich.   ____/8
2. Du hast die richtige Reihenfolge eingehalten.   ____/2

Sprache und Form:

1. Du hast den Text sachlich in klar abgegrenzten Absätzen geschrieben.   ____/2
2. Du hast die Satzzeichen richtig gesetzt.   ____/2
3. Dein Satzaufbau ist vollständig und korrekt.   ____/3
4. Du benutzt unterschiedliche Satzanfänge und vermeidest Wiederholungen. ____/3
5. Du verwendest passende Verben.   ____/3
6. Du verwendest viele unterschiedliche, treffende Adjektive.   ____/3
7. Du beschreibst die Person vollständig und in der richtigen Reihenfolge. ____/2
8. Du hast durchgehend die Gegenwartsform verwendet.   ____/2
9. Deine Rechtschreibung weist kaum Fehler auf.   ____/2

Gesamtpunktzahl: _____/32   Note: _____

Je nachdem, wie gut du die einzelnen Punkte bewältigt hast, ergibt sich deine Gesamtpunktezahl!

32	32 – 29	28 – 25	24 – 20	19 – 15	14 – 9	8 – 0
	1	2	3	4	5	6

9.4.1.2. Beispiel 1 - Personenbeschreibung:

Ich beschreibe eine Person und hoffe, du weißt am Ende von wem die Rede ist.

Die meisten Kinder kennen dieses lustige, schlanke, ungefähr zehn Jahre alte und 1,50 m große Mädchen. Sie lebt alleine mit ihren Tieren in einer großen Villa mit einem schönen, eingewachsenen Garten.

Ihre roten Haare trägt sie stets zu zwei abstehenden, geflochten Zöpfen. Ihr Gesicht ist übersät mit kleinen Sommersprossen und ihre großen, blauen Augen strahlen einen an. Sie hat eine kleine Stupsnase, rote Lippen und stets rote Wangen.

Meistens trägt sie eine kurze Hose, ein weites T-Shirt und ein gelbes, sehr kurzes Kleid darüber. Ihre langen, dünnen Beine sind bedeckt von unterschiedlichen, langen Strümpfen. Der eine Strumpf ist schwarz und der andere gelb-schwarz gestreift. Sie trägt viel zu große braune Schnürschuhe mit kaputten Sohlen.

Vor Ideen sprühend denkt sie sich ständig etwas Neues aus, erfindet neue Wörter und Spiele, ärgert gerne Lehrerinnen und hält die Polizei auf Trab.

Dieses besondere Mädchen ist immer lustig, gut gelaunt und bärenstark. Stets setzt sie sich für ihre Freunde ein und beschützt sie.

Weißt du schon, um wen es sich handelt? Wenn nicht, dann habe ich noch ein paar Tipps für dich:

Sie lebt mit ihrem kleinen Affen und ihrem weißen Pferd in der Villa Kunterbunt. Ihr Papa befindet sich in der Südsee und ihre Mama ist im Himmel. Ihre besten Freunde heißen Annika und Tom.

(211 Wörter)

Weißt du anhand der Beschreibung von wem die Rede ist?

→ _____

Aufgaben:

a) Unterstreiche alle entscheidenden Punkte im Text, die dir helfen zu erkennen, um wen es sich handelt.

b) Unterstreiche alle Satzanfänge grün und achte darauf, ob du viele Wiederholungen findest.

c) Versuche das Mädchen anhand der Beschreibung zu zeichnen. Hierbei sollten dir deine Unterstreichungen helfen.

Bewertung:

Für alle <u>unterstrichenen</u> Wörter gibt es Punkte in der Aufsatzbewertung. Die Verben sind grau eingekastelt, Satzanfänge sind *fett und kursiv* dargestellt.

Die meisten Kinder kennen dieses <u>lustige, schlanke, ungefähr zehn Jahre alte</u> und <u>1,50 m große Mädchen</u>. ***Sie*** lebt alleine mit ihren Tieren in einer großen Villa mit einem schönen, eingewachsenen Garten.

Ihre <u>roten Haare</u> trägt sie stets zu zwei <u>abstehenden</u>, <u>geflochten</u> <u>Zöpfen</u>. ***Das*** Gesicht ist übersät mit <u>kleinen Sommersprossen</u> und ihre <u>großen, blauen Augen</u> strahlen einen an. ***Sie*** hat eine <u>kleine Stupsnase</u>, <u>rote Lippen</u> und meistens <u>rote Wangen</u>.
Meistens trägt sie eine <u>kurze Hose</u>, ein <u>weites T-Shirt</u> und ein <u>gelbes</u>, sehr <u>kurzes</u> <u>Kleid</u> darüber. ***Ihre*** <u>langen, dünnen Beine</u> sind bedeckt von unterschiedlichen langen Strümpfen.
Der eine Strumpf ist <u>schwarz</u> und der andere <u>gelb-schwarz gestreift</u>. ***Sie*** läuft mit viel zu <u>großen braunen Schnürschuhen</u> mit <u>kaputten Sohlen</u> herum.
Vor Ideen sprühend denkt sie sich ständig <u>neue Streiche</u> aus, <u>erfindet Worte</u> und Spiele, <u>ärgert gerne Lehrerinnen</u> und hält die Polizei auf Trab.

Dieses besondere Mädchen ist immer <u>lustig</u>, <u>gut gelaunt</u> und <u>bärenstark</u>. ***Stets*** <u>setzt sie sich für ihre Freunde</u> ein und beschützt sie.

Weißt du schon um wen es sich handelt? ***Wenn*** nicht, habe ich noch ein paar Tipps für dich:
Sie lebt mit ihrem kleinen <u>Affen</u> und ihrem weißen <u>Pferd</u> in der <u>Villa Kunterbunt</u>. ***Ihr*** Papa <u>befindet sich in der Südsee</u> und ihre ist <u>Mama im Himmel</u>. Ihre besten Freunde heißen <u>Annika</u> und <u>Tom</u>.

(211 Wörter)

Für die unterbrochenen Unterstreichungen kann es Zusatzpunkte geben!

Nina 13 Jahre

Schreibe alle Verben und Adjektive auf, die du im Text findest:

Adjektive	Verben

Die Bewertung deiner Personenbeschreibung:

Neben der eigentlichen Personenbeschreibung fließen viele weitere Punkte in die Bewertung ein:

- Korrekte Reihenfolge der Beschreibung.
- Nicht nur das Äußere, sondern auch das Wesen, die Hobbys und falls bekannt der Beruf sollen beschrieben werden.
- Auch die Beschreibung braucht einen Anfang, einen Hauptteil und einen Schluss.

Ausdruck / Sprachrichtigkeit

- Treffende Adjektive und Nomen beschreiben die Person.
- Verwendung abwechslungsreicher Verben.
- Wortwiederholungen werden vermieden.
- Zeitform des Präsens wird durchgängig eingehalten.
- Sätze sind vollständig und enden mit dem richtigen Satzzeichen.
- Verwendung von Artikeln, Fällen und Plural ist korrekt.

Rechtschreibung

- Lernwörter und verwandte Wörter sind fehlerfrei geschrieben.
- Nomen und Satzanfänge sind immer großgeschrieben.

9.4.1.3. Beispiel 2 – Personenbeschreibung:

Zur Übung kannst du auch eine Person beschreiben und die freie Spalte dazu verwenden, die Merkmale deiner Person einzutragen.

Verwende wenn möglich eine Person, die deine Eltern kennen und prüfe, ob sie diese anhand deiner Beschreibung erkennen würden.

Notizen:

→ bereits von oben nach unten aufgelistet.

Mein kleiner Bruder ist heute nicht von der Schule heimgekommen.
Ich gehe zur Polizei und gebe eine Vermisstenanzeige auf.

1. Allgemeine Merkmale:

Name	Christoph Müller	
Alter	8	
Geschlecht	männlich	

2. Äußere Merkmale:

Größe	1,20 m	
Kopf	rund	
Haare	hellbraune Locken	
Augen	rund, braun, lange Wimpern, buschige Brauen	
Ohren	große, abstehende Ohren	
Nase	kleine Stupsnase	
Mund	dicker Schmollmund	
Figur	sehr schlank	
Beine	lange, dünne O-Beine	
Arme	dünn	

3. Bekleidung:

Jacke	dunkelblaue Steppjacke	
Oberteil	weißes Poloshirt, marineblauer Strickpulli	
Unterteil	dunkle Jeanshose	
Schuhe	weiße Turnschuhe mit neongrünen Schnürsenkeln	

4. Besonderheiten: Kleines Muttermal oberhalb der linken Oberlippe.

Personenbeschreibung:

Mein Bruder ist heute nicht von der Schule heimgekommen, deshalb möchte ich ihn als vermisst melden.

Bei dem Vermissten handelt es sich um einen acht Jahre alten Jungen, namens Christoph Müller.

Christoph ist ca. 1,20 m groß, hat einen runden Kopf mit einer niedlichen, kleinen Stupsnase, einem dicken Schmollmund und hellbraunem Locken. Besonders auffällig sind die runden, braunen Augen, mit langen Wimpern und buschigen Augenbrauen sowie seine großen abstehenden Ohren. Seine Figur ist zart und er hat lange, dünne O-Beine und dünne Arme. Oberhalb der linken Oberlippe hat Christoph ein circa drei Millimeter großes, dunkelbraunes Muttermal.
Bei der Jacke, die Christoph trägt, handelt es sich um eine dunkelblaue Steppjacke. Darunter trägt er ein weißes Poloshirt und einen marineblauen Strickpulli. Ferner hat er eine dunkle Jeanshose und weiße Turnschuhe mit neongrünen Schnürsenkeln an.

Sie müssen meinen Bruder bitte schnell finden, denn er ist noch sehr klein, schüchtern und hat Angst, wenn er lange alleine oder bei Fremden ist.

(157 Wörter)

9.4.2 Vorgangsbeschreibung

Eine Vorgangsbeschreibung soll dem Leser einen Vorgang oder Ablauf so exakt wie möglich beschreiben, sodass ein Leser den beschriebenen Vorgang eigenständig wiederholen kann. Die Vorgangsbeschreibung wird im Fachbereich Deutsch der Grundschule eingeführt, um einfache Abläufe zu beschreiben.

Prinzipiell geht es darum, eine Anleitung anzufertigen, die ein Leser schrittweise nachstellen kann. Bei einer Vorgangsbeschreibung kann es sich um ein Rezept, eine Bastelanleitung, ein Experiment oder vieles mehr handeln. Genauigkeit und die korrekte Reihenfolge der einzelnen Schritte sind für diese Textform sehr wichtig.

Steckbrief Vorgangsbeschreibung:

1. Der Leser soll den Ablauf verstehen und den Vorgang wiederholen können.
2. Die Vorgangsbeschreibung ist eine Erklärung oder Anleitung, die gut verständlich meistens in der „ich- Form" oder der „wir"- Form geschrieben ist.
3. Beschreibe den Vorgang so, dass dieser jederzeit wiederholt werden kann.
4. Die Sprache muss klar, genau und sachlich sein.
5. Es darf keine persönlichen Bemerkungen oder Bewertungen geben.
6. Die Zeitform ist immer das Präsens (die Gegenwart).

Gliederung:

1. Einleitung:
   Was mache ich?
   Was wird benötigt? (alle Geräte und Zutaten)

2. Hauptteil:
   Handlungsablauf (richtige Reihenfolge der notwendigen Handgriffe, übersichtlich gegliedert in mehrere Absätze)

3. Schluss:
   Ergebnis der Arbeit
   fertiges Produkt

Satzanfänge für eine Vorgangsbeschreibung:

Als Erstes..., Zuerst..., Als Nächstes..., Dann..., Nun..., Jetzt..., Danach..., Anschließend ..., Im Anschluss..., Während..., Währenddessen..., Da..., Inzwischen..., Sobald..., In der Zwischenzeit..., Als Letztes..., Zuletzt...

9.3.1.1 Bewertung deiner Vorgangsbeschreibung

Inhalt:

1. Deine Beschreibung ist genau und ausführlich. ____/10

2. Du hast die richtige Reihenfolge eingehalten. ____/2

3. Du hast alles verständlich beschrieben. ____/2

Sprache und Form:

4. Du benutzt unterschiedliche Satzanfänge und vermeidest Wortwiederholungen. ____/3

5. Du verwendest treffende und richtige Begriffe. ____/3

6. Du listest die Zutaten und Geräte vollständig und getrennt voneinander auf. ____/2

7. Du hast durchgehend die Gegenwartsform verwendet. ____/1

8. Du hast den Text sachlich geschrieben. ____/1

9. Du hast die Ich-Form/Wir-Form durchgehend eingehalten. ____/2

10. Dein Satzaufbau ist vollständig und korrekt. ____/2

11. Deine Rechtschreibung weist kaum Fehler auf. ____/2

12. Du hast die Satzzeichen richtig gesetzt. ____/2

Gesamtpunktzahl: _____/32   Note: _____

Je nachdem, wie gut du die einzelnen Punkt bewältigt hast, ergeben sich deine Punkte!

32	32 – 29 1	28 – 25 2	24 – 20 3	19 – 15 4	14 – 9 5	8 – 0 6

9.3.1.2 Vorgangsbeschreibung „Kochen eines Vanillepuddings"

1. Schreibplan:

Benötigte Gebrauchsgegenstände:

- ein Messbecher
- ein Esslöffel
- ein Topf
- ein Schneebesen
- mehrere Puddingförmchen

Benötigte Zutaten:

- $\frac{1}{2}$ Liter Milch
- 2 Esslöffel Vanillezucker
- ein Päckchen Vanillepuddingpulver

2. Vorgangsbeschreibung:

Kochen eines Vanillepuddings

Zum Kochen eines Vanillepuddings brauche ich: einen Messbecher, einen Topf, einen Schneebesen, einen Esslöffel sowie mehrere Puddingförmchen. Meine Zutaten stelle ich auch gleich bereit: kalte Milch, Vanillezucker und ein Päckchen Vanille-Puddingpulver.

Als erstes messe ich 400 ml Milch mit dem Messbecher ab und gieße diese dann in den bereitgestellten Topf. Anschließend schütte ich die restlichen 100 ml Milch in den Messbecher und füge zwei gehäufte Esslöffel Vanillezucker dazu. Danach reiße ich das Päckchen Puddingpulver auf und gebe den gesamten Inhalt in den Messbecher. Mit dem Schneebesen rühre ich nun das Ganze solange kräftig durch, bis keine Klümpchen mehr vorhanden sind.

Im Anschluss schalte ich eine für den Kochtopf passende Herdplatte auf der höchsten Stufe ein und stelle den Topf mit der kalten Milch darauf. Sobald diese kocht, nehme ich den Topf vom Herd und gebe das Puddinggemisch aus dem Messbecher dazu. Ich stelle den Topf wieder auf die warme Herdplatte zurück und lasse nochmals alles unter ständigem, kräftigem Rühren mit dem Schneebesen aufkochen.

Zum Schluss schalte ich die Herdplatte aus und fülle die heiße Puddingmasse vorsichtig in die vorbereiteten Förmchen. Nun muss der Pudding nur noch abkühlen und dann heißt es: „Guten Appetit!".

Bewertung: Versuche den Aufsatz selber gemäß den untenstehenden Bewertungskriterien zu bewerten. Unterstreiche die wichtigen Punkte und verwende für jedes Kriterium eine andere Farbe.

Bewertung deiner Vorgangsbeschreibung

Inhalt:

1. Deine Beschreibung ist genau und ausführlich. ___/10
2. Du hast die richtige Reihenfolge eingehalten. ___/2
3. Du hast alles verständlich beschrieben. ___/2

Sprache und Form:

1. Du benutzt unterschiedliche Satzanfänge und vermeidest Wortwiederholungen. ___/3
2. Du verwendest treffende und richtige Begriffe. ___/3
3. Du listest die Zutaten und Geräte vollständig und getrennt voneinander auf. ___/2
4. Du hast durchgehend die Gegenwartsform verwendet. (prüfe die Verben) ___/1
5. Du hast den Text sachlich geschrieben. ___/1
6. Du hast die Ich-Form eingehalten. ___/2
7. Dein Satzaufbau ist korrekt. ___/2
8. Deine Rechtschreibung weist kaum Fehler auf. ___/2
9. Du hast die Satzzeichen richtig gesetzt. ___/2

Gesamtpunktzahl: _____/32   Note: _____

Kochen eines Vanillepuddings

Heute *bereite* ich den Nachtisch *vor* – einen Vanillepudding.

Zum Kochen eines Vanillepuddings *brauche* ich: **einen Messbecher**, einen **Topf**, einen **Schneebesen**, einen **Esslöffel** sowie mehrere **Puddingförmchen**. **Meine** Zutaten *stelle* ich auch gleich bereit: kalte **Milch, Vanillezucker** und ein Päckchen **Vanille-Puddingpulve**r.

Als erstes *messe* ich 400 ml Milch mit dem Messbecher *ab* und *gieße* diese dann in den bereitgestellten Topf. **Anschließend** *schütte* ich die restlichen 100 ml Milch in den Messbecher und füge zwei gehäufte Esslöffel Vanillezucker dazu. **Danach** *reiße* ich das Päckchen Puddingpulver *auf* und *gebe* den gesamten Inhalt in den Messbecher. **Mit dem** Schneebesen *rühre* ich nun das Ganze solange kräftig durch, bis keine Klümpchen mehr vorhanden sind.

Im Anschluss *schalte* ich eine für den Kochtopf passende Herdplatte auf der höchsten Stufe *ein* und *stelle* den Topf mit der kalten Milch darauf. **Sobald** diese kocht, nehme ich den Topf vom Herd und *gebe* das Puddinggemisch aus dem Messbecher *dazu*. **Ich** *stelle* den Topf wieder auf die warme Herdplatte *zurück* und *lasse* nochmals alles unter ständigem, kräftigem Rühren mit dem Schneebesen *aufkochen*.

Zum Schluss *schalte* ich die Herdplatte *aus* und *fülle* die heiße Puddingmasse vorsichtig in die vorbereiteten Förmchen. **Nun** *muss* der Pudding nur noch *abkühlen*.

Einleitung, Hauptteil, Schluss und richtige Reihenfolge wurden eingehalten.
Unterschiedliche Satzanfänge, *Gegenwartsform* und Ich-Form wurden ebenso eingehalten. Unterschiedliche *Verben*, passende Adjektive wurden verwendet.

9.3.1.3 Vorgangsbeschreibung Backen eines Apfelkuchens

1. Schreibplan:

Benötigte Gebrauchsgegenstände:

- eine Küchenmaschine
- eine Waage
- einen Messbecher
- eine feuerfeste Form
- einen Esslöffel
- einen Teelöffel

Benötigte Zutaten:

- 600 g Äpfel
- 1 Esslöffel Zitronensaft
- 1 Päckchen Vanillezucker
- 1 TL Zimt
- 100 g Butter
- 80 g Zucker
- 150 g Mehl
- 1 Prise Salz

Vorgangsbeschreibung:

Ich backe einen Apfelkuchen

Heute backe ich einen Apfelkuchen –
genauer gesagt: einen Apfelcrumble.
Dies ist ein englischer
Apfel-Krümel-Kuchen.

Als Hilfsmittel benötige ich eine Küchenmaschine, eine Waage, einen Messbecher, einen Esslöffel, einen Teelöffel und eine feuerfeste Form.
Die notwendigen Zutaten für die Obstmasse sind: 600 g Äpfel, ein Esslöffel Zitronensaft, ein Päckchen Vanillezucker, ein Teelöffel Zimt.
Für die Streuselmasse benötige ich: 100 g Butter, 80 g Zucker, 150 g Mehl, 1 Prise Salz.

Zuerst heize ich den Backofen auf 180 Grad Celsius ein, damit der Kuchen später in einen vorgeheizten Ofen kommen kann.
Nun nehme ich die Waage und messe die notwendigen 600 g Äpfel ab. Als Nächstes schäle ich die Äpfel, schneide sie in mittelgroße Stücke und gebe sie zum Zerkleinern in die Küchenmaschine. Ich gebe den Vanillezucker, einen Esslöffel Zitronensaft und einen Teelöffel Zimt hinzu und stelle die Zerkleinerungsstufe für 60 Sekunden ein. Währenddessen nehme ich ein bisschen Butter und fette die feuerfeste Form ein, um anschließend die zerkleinerte, saftige Apfelmasse hineinzufüllen.
Jetzt wasche ich die Schüssel der Küchenmaschine kurz aus, trockne diese und setze sie wieder in die Küchenmaschine ein. Für den Teig messe ich 150 g Mehl mit dem Messbecher ab und gebe diese in die Schüssel. Nun messe ich 80 g Zucker ab und schütte diese mit einer Prise Salz auch in die Schüssel. Die 100 g Butter messe ich mit der Waage ab und gebe sie in kleingeschnittenen Stücken hinzu. Ich mische alles mit der Maschine kurz durch, bis die Zutaten grob vermengt sind. Jetzt brösele ich die Streuselmasse mit der Hand über die Apfelmasse.
Mein Apfelcrumble kommt nun für zirka eine halbe Stunde in die Mitte des vorgeheizten Backofens, bis die Streusel goldbraun sind.

Während der Kuchen im Ofen ist, räume ich alle benötigten Dinge auf.
Zum Crumble passt hervorragend eine Kugel Vanilleeis oder frisch geschlagene Sahne, aber auch ohne weitere Zutaten schmeckt er ofenwarm besonders gut.
Guten Appetit!

9.5 Bildergeschichte

9.5.1 Tipps zum Schreiben einer Bildergeschichte

<u>Vorüberlegungen:</u>

Zu Beginn und noch bevor du mit dem Schreiben beginnst, solltest du dir die Bilder ganz genau ansehen.

Mache dir ein paar Notizen zu dem, was zu sehen ist, und bemühe dich, sehr genau zu sein.

Überlege dir auch, was tatsächlich geschieht, und was nicht auf den Bildern zu sehen ist. Also mach dir Gedanken über die Geschichte außerhalb der Bilder.

Überlege dir, welchen Sinn die Geschichte hat.

Dann werde mit deinen Vorbereitungen etwas spezifischer:

- Wie soll der Handlungsstrang der Geschichte aussehen?
- Welche Bilder zeigen die Einleitung, den Hauptteil und den Schluss?
- Wie möchtest du die einzelnen Personen nennen?
- Stehen die Personen in einer Beziehung zueinander? Handelt die Geschichte von zwei Freunden oder Mutter und Sohn, Opa und Oma? Kennen sich die Personen oder nicht?
- Stelle dir wieder die typischen W-Fragen:
  Die W-Fragen: Wer, was, wann, wo, wie, warum, weshalb

1. Gib die Zeit und den Ort an, an dem deine Geschichte spielt. (Wann/Wo)
2. Mache möglichst genaue Angaben, von wem oder was deine Geschichte handelt. (Wer)
3. Beim Höhepunkt geschieht etwas Unerwartetes. (Was)
4. Beschreibe die Folgen des Geschehens möglichst genau und baue viel wörtliche Rede, Gedanken und Gefühle ein. (Warum)
5. Was ist das Ergebnis?
6. Wie endet die Geschichte? (Schluss)
7. Finde eine Überschrift, die passend ist und neugierig macht.

- Überlege dir die Gründe für das Handeln der Personen.
- Mache dir Gedanken über den Zusammenhang der Geschichte (Warum? Wie? Wozu?).

Schreiben der Geschichte:

1. Einleitung:

Schreibe zu den Anfangsbildern der Geschichte eine kurze Einleitung. Bedenke dabei, dass die Einleitung und der Schluss kurz sind und der Hauptteil ausführlich. Im Allgemeinen stellt man in der Einleitung die Personen (Protagonisten) vor. Auch kann man erwähnen, an welchem Ort die Geschichte spielt oder aber zu welcher Zeit.

Einige typische Einleitungssätze sind:

- An einem verschneiten Sonntagmorgen entschieden Luise und ich, mit meinem Hund in den Wald zu gehen.
- An einem gemütlichen Winternachmittag las uns Opa eine spannende Geschichte vor…
- In den letzten Osterferien fuhr ich mit meiner Familie nach Frankreich. Mein Vater hatte ein Segelschiff gemietet und wir wollten von Insel zu Insel segeln.

Folgende Fragen kannst du also unter anderem in deiner Einleitung beantworten:

- Um wen geht es? (z. B. Luise und mich)
- An welchem Ort spielt die Geschichte? (z. B. Frankreich)
- Zu welcher Zeit spielt die Geschichte? (z. B. letzte Osterferien)

Du kannst auch in der Einleitung bereits auf ein Problem, ein Geheimnis, oder aber einen Teil der Geschichte hinweisen:
- Hatten wir ein riesiges Problem?
- Erlebte ich die besten Ferien meines Lebens?
- Widerfuhr mir etwas Schreckliches?
- Bekam ich einen Riesenschreck?
- Was machte mich zum glücklichsten Menschen der Welt?

2. Hauptteil:

Der Hauptteil ist der längste Teil des Aufsatzes. Hier wird die eigentliche Geschichte erzählt. Probleme tauchen auf und müssen gelöst werden. Es wird erzählt, was passiert, was die Personen dabei empfinden, und welche neuen Schwierigkeiten dabei auftauchen. Gegen Ende des Hauptteils - nach etwa zwei Dritteln der Geschichte - beginnt der Höhepunkt, das große Finale. Hier ist die Spannung am größten. Du musst dir deinen Aufsatz wie eine Katze vorstellen, die einen Buckel macht.

Dort wo der Katzenbuckel am höchsten ist, sollte auch die Spannung in deinem Aufsatz am stärksten sein.

Versuche deine Geschichte lebendig zu gestalten, und achte daher auf folgende Punkte:

- Finde eine passende Überschrift.
- Beschreibung der Personen und Charaktere.
- Verwendung von wörtlicher Rede. Denke daran, diese auch richtig zu kennzeichnen!
- Adjektive werden benutzt, um den Aufsatz bildhafter zu machen.
- Verbinde die einzelnen Bilder miteinander. Beschreibe auch was vor, zwischen und nach den Bildern geschieht.
- Versuche spannend zu schreiben, mit vielen Einzelheiten.
- Erzähle alle Details, die auf den Bildern zu sehen sind.
- Schreibe die Geschichte so, dass der Leser sie auch versteht, ohne die Bilder zu sehen.
- Beschreibe was die einzelnen Personen in deiner Geschichte denken, fühlen und tun.
- Achte auf unterschiedliche Satzanfänge.
- Versuche Wiederholungen zu vermeiden.
- Schreibe die Geschichte im Präteritum (ich ging, er sagte, sie liefen) oder in der Gegenwart (ich gehe, er sagt, sie laufen). Wechsle nicht die Zeitform in deiner Geschichte.
- Achte auf unterschiedliche Satzanfänge.

3. Schluss:

Im Schlussteil wird die Spannung beziehungsweise der Konflikt gelöst. Hier kann man erzählen, wie es den Personen mit der Geschichte ergangen ist oder wie sie sich nun fühlen. Der Schlussteil endet mit einem abschließenden Satz, der auch eine Botschaft übermitteln kann.

Diese Botschaft kann z. B. sein:
- Nie wieder werde ich so viel essen!
- Ich hätte nicht gedacht, dass Fahrradfahren so gefährlich sein kann!
- Ich war so glücklich, dass wir mit dem Schrecken davongekommen sind!
- In Zukunft werde ich mich vor Halloweengespenstern hüten!

Du kannst den Schlussteil aber auch beenden, indem du die Personen noch einmal über die Geschichte oder den Tag nachdenken lässt, und sie zu einem Fazit oder Ergebnis kommen.

- Müde legte sich Lisa ins Bett und dachte noch einmal über den aufregenden Tag nach.
- Gemeinsam fuhren sie nach Hause und waren so glücklich und stolz, das Geheimnis gelüftet zu haben.
- Sie war so froh, dass alles noch einmal gutgegangen war. Das hätte auch ins Auge gehen können!
- Überglücklich warf er sich in den Sessel und dachte über diesen so ereignisreichen Tag nach.

4. **Wenn du mit deiner Bildergeschichte fertig bist, prüfe folgende Punkte:**

- Die Überschrift soll den Leser neugierig machen.
- Kontrolliere, ob du alles erzählt hast, was auf den Bildern zu sehen ist. Gibt es in deiner Geschichte auch alle Personen auf den Bildern? Hast du nichts und niemanden vergessen? Achte auch auf Details in den Bildern und versuche, sie in deine Geschichte einzubauen.
- Du hast unterschiedliche Satzanfänge benutzt. Achte darauf, keine Wiederholungen zu haben.
- Kontrolliere, ob du alle Regeln eingehalten hast.

9.5.2 Vorübung

Bild 1:   Bild 2:

Bild 3:

1. Überlege dir zu jedem Bild passende Adjektive und Verben!

Verben	Adjektive

Verben	Adjektive

Verben	Adjektive

2. Gib allen Personen einen passenden Namen, und nenne ein Adjektiv, das sie beschreibt.

3. Das erste Bild stellt den Anfang der Geschichte dar; es kann auch Teil der Einleitung sein. Schreibe eine Einleitung!

_____

_____

_____

_____

_____

_____

4. Was geschieht in dem zweiten Bild? Es stellt den Hauptteil dar. Überlege dir zwei mögliche Geschichten! Denke auch daran, Dialoge einzubauen!

Nimm ein eigenes Blatt!

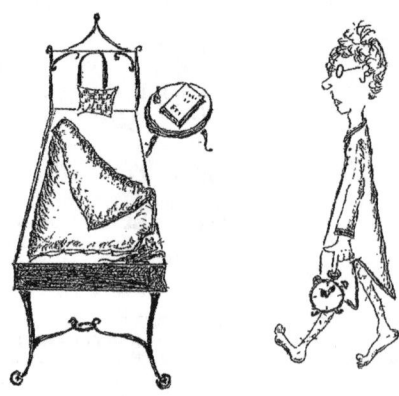

5. Überlege dir einen Schluss, den du schreiben könntest. Schau dir das letzte Bild an!
Nimm ein eigenes Blatt!

Lösung Vorübung

1. Überlege dir zu jedem Bild passende Adjektive und Verben!

Verben	Adjektive
warten	freudig
freuen	glücklich
öffnen	aufgeregt
begrüßen	zufrieden

Verben	Adjektive
erzählen	gemütlich
zuhören	spannend
sitzen	aufregend
liegen	heiß

Verben	Adjektive
schlafen	müde
gehen	alt
liegen	spät
denken	gemütlich

2. Gib allen Personen einen passenden Namen, und nenne ein Adjektiv, das sie beschreibt.

Bello – schläfrig	Mirko - ideenreich
Susi – lebendig	Sepp – übergewichtig - faul
Opa Schmidt – gebrechlich	

3. Das erste Bild stellt den Anfang der Geschichte dar; es kann auch Teil der Einleitung sein. Schreibe eine Einleitung!

Gespannt schaut Opa Schmidt auf die Uhr. „Noch ein paar Minuten", so denkt er sich, „und sie werden klingeln und ich hab endlich wieder meine Familie um mich!". Er stellt die Blumen bereit, setzt schon einmal das Teewasser auf, und stellt auch gleich die Dose mit den Keksen in das Wohnzimmer. „Nach der langen Reise werden meine Enkel sicherlich Lust auf was Süßes haben!", sagt sich der schon etwas gebrechliche Mann. Da klingelt es und endlich kann er seine Enkel willkommen heißen.

4. Was geschieht in dem zweiten Bild? Es stellt den Hauptteil dar. Überlege dir zwei mögliche Geschichten! Denke auch daran, Dialoge einzubauen!

<u>Möglichkeit 1:</u>

Opa erzählt seinen Enkeln was ihm wiederfahren war.
Eines Nachts hörte Opa Geräusche. Ganz leise knackste oder kratzte etwas im Hintergrund. Nun, es wird ein Tier sein, dachte er sich und schlief weiter.

Am nächsten Tag putzte er sich - wie jeden Morgen und noch im Schlafanzug - die Zähne, wusch sich das Gesicht mit kaltem Wasser, und kämmte sein schütteres Haar. Dann drehte er noch vor der Dusche eine Runde durch sein schönes Haus. Das war ein besonderes Vergnügen! Nur an diesem Morgen war das Vergnügen nicht lang! Ein Fenster war zerbrochen und schnell sah Opa, dass man ihm seinen Fernseher gestohlen hatte. Er kochte, er tobte, er schrie und fuchtelte mit seinen Händen in der Luft herum, raufte sich sein Haar und rückte die Nickelbrille auf seiner dünnen Nase zurecht. Schließlich begab er sich erst einmal unter die Dusche und machte sich für den Tag fertig – erst dann rief er die Polizei.

Fingerabdrücke, Befragungen, Versicherung, der Glaser und all die unangenehmen Dinge. Er war so wütend, dass er sogar auf seinen morgendlichen Tee verzichtete!

Möglichkeit 2:

Bei einer Tasse Tee erzählt Opa seinen Enkeln was in den letzten Wochen alles passiert war. Es gibt eine große Neuigkeit.
Opa zeigt seinen Enkeln ein Bild. Darauf ist ein altes Auto zu sehen.

„Na, Kinder", beginnt er, „ihr kennt euch ja nicht mit Autos aus. Daher dachte ich, zeige ich euch mal lieber ein Bild!"
„Ich weiß, ihr habt ja keine Ahnung! Es ist ein SLK. Also wie mein letzter. Nur offen. Und schalten mag ich in meinem Alter nicht mehr, daher Automatik."
„Ah", sagen seine Enkel. „Aber was ist mit dem letzten Auto passiert?", fragt Susi.
„Das ist eine andere Geschichte, die kommt gleich!", antwortet Opa. „Auf dem Bild siehst du den Urahnen. Baujahr 1901."
„Ah!", wiederholt Susi, „willst du sagen, du hast ein neues Auto? Du hast ein offenes Auto? Ich wusste gar nicht, dass Opas Cabriolet fahren!"
„Tun Opas auch nicht, aber nun bin ich schon 90 und wer weiß, wie lange ich noch offen fahren kann."
„Was ist denn mit deinem alten Auto passiert?"
„Ja, also wie es dazu kam, weiß ich auch nicht so genau. Ich denke ich hatte Vorfahrt. Aber das dachte der andere auch und schon war es kaputt – mein Auto!"

5. Überlege dir einen Schluss, den du schreiben könntest. Schau dir das letzte Bild an!

Am Abend geht Opa glücklich und müde in sein Bett. Er zieht sich die Decke bis zu den Ohren und denkt an den schönen Nachmittag mit seinen Enkeln und welche Geschichten er ihnen noch hätte erzählen können. Ach, er freute sich schon heute auf ihren nächsten Besuch! Vielleicht würde er dann sogar noch einen Spaziergang mit ihrem netten Vierbeiner schaffen.

9.5.3 Bildergeschichte 1 - Hereingelegt

Bild 1:

Bild 2:

Bild 3:

Schluss:

Denke daran!
- ❖ Passende Überschrift
- ❖ Einleitung, Hauptteil und Schluss
- ❖ Treffende Adjektive
- ❖ In einer Zeit bleiben
- ❖ Wechselnde Satzanfänge
- ❖ Personen sprechen lassen

Lösung:

Hereingelegt!

Opa hat immer ein paar spannende Geschichten in seinen Büchern und an einem ruhigen Sonntagnachmittag, als er vorliest, ist es mucksmäuschenstill. Die Geschichte ist zu Ende gegangen und alle sind glücklich, dass sie gut endete. Susi drückt ihre Puppe an sich. Bello, der Hund, schläft weiter, und Sepp mampft wie immer. Mimi, die Katze, klettert an Opas Sessel hoch. Er hebt die dampfende Teetasse und sagt: „Auf geht's! Genug herumgesessen. Geht raus und spielt was! Ich genieße in aller Ruhe meinen Tee!"

Auf dem Nachbargrundstück ist eine verlassene Baugrube. Allerlei Spinnen, Käfer und sonstiges Kleingetier hat sich schon dort angesiedelt.
Mirko hat eine Idee: Sie sollten die Spinne dort ein bisschen ärgern. Eine tote Fliege und eine Rolle feines Garn sind bald gefunden. Die tote Fliege wird an den Faden gebunden und auf das Spinnennetz herabgelassen.

Ob die Spinne sich wohl davon alarmieren lässt?
Die Gang liegt gespannt um den Grubenrand herum. Sepp lutscht dabei gelassen an seinem Lolli. Den Faden führt natürlich Mirko und Susi ist so aufgeregt, dass sie ihre geliebte Stoffpuppe vergisst, die um ein Haar in die Grube gefallen wäre. Nur Bello mag dieses ganze Spiel an der Grube nicht; er heult, bellt und zieht vor Angst den Schwanz ein.
Da geht ein schwaches Zittern durch das Spinnennetz. Die Besitzerin zeigt sich vorsichtig in ihrem Mauerloch. Dann nähert sie sich langsam dem fetten Braten. Sie tut das ruckartig und wartet zwischendurch ab, bis sie plötzlich auf das Opfer zuspringt. Aber Mirko hat schon darauf gewartet und reißt die Fliege hoch.

Pech gehabt, Frau Spinne! Wie erstarrt wartet sie noch eine Weile. Dann kehrt sie um und verschwindet in ihrem Mauerloch.
Mirko versucht es ein zweites Mal. Wieder lässt er seinen Köder runter bis er das Netz berührt; und wieder erscheint auch die Jägerin. Doch dieses Mal zögert sie nur kurz und mit einem riesigen Satz ist sie bei ihrem vermeintlichen Opfer. Aber Mirko ist wieder schneller und reißt augenblicklich den Köder hoch.
Dabei macht er eine so heftige Bewegung, dass es dem Sepp den Lolli aus dem Mund schlägt. Der Lutscher fällt sofort in die Grube.

Die drei jaulen auf und Bello ist überhaupt nicht mehr zu beruhigen. Die Jägerin in der Grube aber zieht sich enttäuscht in ihr Mauerloch zurück.
„Los, nochmal!", flüstert Susi.
Wieder lässt Mirko seinen Köder vorsichtig ins Netz fallen.
Nichts bewegt sich...
Mirko taucht ein paarmal die Fliege unter, so dass das ganze Netz zu zittern beginnt. Aber nichts tut sich.
Die Ausgetrickste hat offensichtlich dazugelernt!

9.5.4 Bildergeschichte 2 – Ein Star wird geboren

Bei einer Reizwortgeschichte könnten folgende Reizwörter angegeben sein:
Schulfest, Aufführung, Katze, Hut, Musik

Lösung

Ein Star wird geboren

Es steht ein großes Schulfest an und Sepp, Mirko und Susi wollen aktiv dabei mitwirken.

Mirko, zum Beispiel, kann Blockflöte spielen. Das kann Susi auch. Das ist ja schon mal was! Aber was ist mit Sepp? Der muss die Trommel schlagen, entscheidet Susi. Sie erinnert sich nämlich, dass ihr Opa früher beim Militär einem Musikzug als Trommler angehörte. Daher könnte Opa womöglich so eine Trommel herbeischaffen. Und natürlich sagt der Opa sofort zu – und so wird Sepp ruckzuck zum Trommler bestimmt. Nachdem im Schulheft ein passendes Marschlied gefunden wird, geht ein lustiges Üben und Improvisieren los. Als schließlich alles schon ziemlich perfekt läuft, sind sich die drei Freunde jedoch einig, dass alles doch noch etwas dürftig ist; dass etwas fehlt. Was nun?

Da hat Mirko eine Idee: Er erinnert sich, dass in der Turnstunde manchmal Zweikämpfe geübt wurden, bei denen jeweils ein leichter Schüler auf den Schultern eines kräftigeren saß. Wie wäre eine regelrechte Menschen-Pyramide? Natürlich mit ihm als Untermann, darüber Mirko, und oben Susi.
„Was, und dann auch noch trommeln?", protestiert Sepp.
„Na klar, wenn das klappt, dann spielen wir auf deinen breiten Schultern Blockflöte!", begeistert sich Susi.

„Das wird die Sensation des ganzes Schulfestes!", meint Mirko trocken und hat dabei insgeheim noch eine Steigerung des Ganzen im Sinn. Und als es mit der musikalischen Menschen-Pyramide schon gut funktioniert, rückt er schließlich mit seinem Geheimplan heraus: „Die Mimi könnte die Krönung unserer Pyramide werden", behauptet er, und als ihn alle ganz entgeistert anschauen, grinst er Susi an: „Du, Susi, du könntest das junge Kätzchen auf die Schulter nehmen!"

„Hm", überlegt Susi, „schön und gut, aber wie können wir die Mimi dazu bewegen, auf meine Schultern zu klettern?"
„Ganz einfach", erwidert Mirko. „Ich weiß, dass Mimi dem Klappern mit der Katzenfutter-Dose absolut nicht wiederstehen kann. Wenn sie das hört, kommt sie sofort angestürmt. Also bekommst du diese Dose - und dann schauen wir mal, was passiert."

Die ersten Proben laufen wie erwartet, und natürlich ist Mimi so neugierig, wie junge Katzen eben sind. Allerdings hinterlassen ihre kleinen Krallen beim Rauf-krabbeln auf der Haut der drei Untermänner sichtbare Kratzspuren. Dem wird aber durch festere Kleidung schnell abgeholfen. Zum Abschluss bekommt Mimi noch eine leichte Leine - man kann ja nie wissen! - und damit ist die Bühnennummer komplett!

Schließlich ist es soweit: Der Abend mit der Schulfeier beginnt. Schon beim Ein-marsch wird die Gruppe mit Begeisterung empfangen. Und Mimi verhält sich vor-bildlich. Doch als schon fast die letzten Takte spielen, spürt Susi plötzlich eine seltsame Unruhe bei Mimi. Und dann geschieht es: Fast mit dem letzten Ton springt das kleine Kerlchen plötzlich ab und landet zielsicher auf dem riesigen Hut einer aufgeputzten Dame, die - direkt ihr gegenüber - in der ersten Reihe sitzt. Dieser Hut hatte ganz offensichtlich das unwiderstehliche Interesse des neugie-rigen Katzenkindes geweckt. Die Leute in den vorderen Reihen beginnen zu lachen. Die kleine Katze auf dem Hut ist so komisch, dass immer mehr Leute lachen. Das wiederum ist so ansteckend, dass alle aufstehen und wie besessen Beifall klat-schen! Der Saal ist kaum mehr zur Ruhe zu bringen und Mimi ist urplötzlich der Star des Abends! Sepp, Mirko und Susi zwinkern einander zu und klatschen eben-falls kräftig mit – und die Zuschauer sind davon überzeugt, dass der 'Zwischenfall' mit der Katze auf dem Hut zur Vorstellung gehört! So wird die Einlage tatsächlich zur Sensation des Abends!

PS: Die Dame mit dem voluminösen Hut war übrigens die Tochter des Schuldirek-tors. Nicht weitersagen!

9.5.5 Bildergeschichte 3

Bild 1:

Bild 2:

Brief:

Liebe Suvi,

ich schicke Dir meinen beschädigten Hut
mit einer besonderen Absicht.
Zunächst brauchst Du nicht zu erschrecken.
Ich fand die Sache mit Eurem jungen
Kätzchen bei dem Schulfest genauso
lustig wie alle anderen Besucher!
   Nun möchte ich mir diesen Erfolg
zunutze machen. Ich bin Leiterin einer
Privatschule und bereite z. Zt. auch ein
solches Schulfest vor. Wärst Du bereit,
mit Deinen beiden Freunden samt der
jungen Katze auch bei meinem Schulfest
mitzumachen? Ich werde selbstverständlich wieder dabei sein und jenen
Hut aufsetzen, falls Du ihn mir halb-
wegs reparierst. Dann könnte Eure Vorführung stattfinden wie gestern.

        Freundliche Grüße

        Dr. Fröhlich

Lösung:

Nichts wie Überraschungen!

Am Tag nach dem Schulfest klingelte es an der Haustür von Susis Elternhaus. Susi war noch in der Schule. Als ihre Mutter öffnete, stellte sich eine fremde Dame vor und sagte mit einem freundlichen Lächeln, sie wollte nur etwas für Susi abgeben. Sie reichte Susis Mutter einen beschädigten Hut und einen Brief. Dann verabschiedete sie sich.

In der Küche besah sich die Mutter den Hut näher und stellte fest, dass er zwar nagelneu aber doch recht zerzaust war. Irgendjemand musste ihn beschädigt haben. Sie ahnte schon, dass das wohl alles mit dem gestrigen Schulfest, an dem sie leider nicht hatte teilnehmen können, zusammenhing. Da sie jedoch noch dringende Einkäufe zu erledigen hatte, legte sie das beschädigte Stück samt Brief erst einmal auf den Küchenstuhl und verließ eilig das Haus.

Als sie mittags nach Hause kam, saß Susi am Esstisch und weinte.
„Aber was ist denn passiert?", fragte sie.
Susi wies stumm auf den kaputten Hut und schluchzte: „Mimi ist gestern bei unserer Vorführung ausgeflippt! Sie sprang plötzlich von meiner Schulter direkt auf den Hut einer Dame in der ersten Reihe. Jetzt müssen wir den teuren Hut bezahlen!"
„Vielleicht mochte deine Katze irgendetwas an dem Hut nicht", versuchte die Mutter zu trösten.
„Das Schlimmste ist, dass sich die Leute wie verrückt darüber amüsiert haben. Die haben gedacht, das mit der Mimi gehöre zu unserer Vorführung! Was machen wir jetzt mit dem Hut?"
„Aber nun lies doch erst einmal den Brief! Ich fand, die Dame machte einen sehr freundlichen Eindruck."
Daraufhin nahm Susi den Brief an sich und verschwand erst einmal in ihrem Zimmer.

Immer noch weinend, machte sie schließlich das Kuvert auf. Zuerst konnte sie vor Tränen kaum lesen, doch mit jeder Zeile verflog ihre Traurigkeit und wandelte sich in helle Freude. Dann rannte sie hinunter in die Küche und hielt ihrer Mutter den Brief strahlend vor die Nase.

Die Mutter konnte gar nicht schnell genug ihre Arbeit stehen- und liegenlassen, um den Brief zu lesen.

Doch so ganz vermochte sie die Begeisterung ihrer Tochter nicht zu teilen.

„Und wie wollt ihr Mimi nun dazu bringen, das Kunststück mit dem Hut noch mal zu machen? Denn das erwartet doch die Dame jetzt von euch!"

„Das bekommen wir hin!", rief Susi unbesorgt.

„Und wenn nicht, dann bleibt der Erfolg aus und ihr seid alle blamiert!"

„Das üben wir zuerst mit dem kaputten Hut, und dann nähe ich ihn wieder zusammen", beharrte Susi.

Inzwischen wurde schon überall in dem Städtchen geflüstert, dass die Truppe mit der schwarzen Katze beim nächsten Schulfest wieder dabei sein würde.

Aber es kam dieses Mal wirklich alles anders. Die Bühne wurde von einem riesigen Scheinwerfer angestrahlt und der Saal war brechend voll. Alles lief zunächst wie geplant. Plötzlich aber riss mit lautem Knall das Fell von Sepps Trommel. Doch der ließ sich nicht aus der Ruhe bringen und machte nun laut im gewohnten Rhythmus „Bum Bum Bum". Natürlich amüsierte das die Leute und nach und nach begannen alle das „Bum Bum" nachzuahmen. So entstand eine riesige Stimmung. Nur Mimi vergaß alles und kletterte vor Angst in die jetzt offene Trommel.

Erst als die vier Freunde unter riesigem Beifall abmarschierten, tauchte ihr kleiner schwarzer Kopf vorsichtig am oberen Rand der Trommel auf, was den Saal nochmals zu jubelnden Beifall hinriss.

9.6 Fortsetzungsgeschichte

9.6.1 Tipps zur Fortsetzungsgeschichte

Bei einer Fortsetzungsgeschichte ist der Anfang der Geschichte vorgegeben und du erzählst die Geschichte weiter. Es ist besonders wichtig, dass du dir den gegebenen Teil der Geschichte sehr gut durchliest. Du darfst die Namen nicht verändern und musst dich an Ort, Zeit und Personen, die in der Geschichte vorkommen, halten. Du kannst Personen dazu erfinden, aber keine weglassen. Halte dich am besten an den folgenden Schreibplan:

- Beachte die Anweisung. Sollst du die Geschichte fortsetzen, oder sind noch zusätzlich Stichpunkte gegeben, wie du sie fortsetzen sollst? Du musst die Anweisungen befolgen.

- Lies dir die Geschichte zweimal durch und notiere dir alle Namen und auch die Kennzeichen der Personen. (z. B. Pippi: feuerrote Haare, Opa: gebrech-lich, Paul: faul)

- Notiere dir, in welcher ZEIT die Geschichte geschrieben wurde. Du kannst die Erzählzeit nicht verändern! <u>Du musst die Erzählzeit beibehalten!</u>

- Überlege dir, in welchem Stil der gegebene Teil geschrieben ist. Diesen musst du beibehalten. Ist der Text sachlich, erzählend, lustig, traurig, humorvoll oder die Sprache altmodisch? Du musst den Stil des Textes beibehalten sowie auch die Textart. Handelt es sich um eine Vorgangsbeschreibung, kannst du **nicht** ein Märchen daraus machen, sondern es muss eine Vorgangsbeschreibung bleiben!

- Schreibe flüssig weiter! Man soll nicht merken, wo der gegebene Text von dir übernommen wurde. Der Text muss sinnvoll bleiben, du musst die begonnene Geschichte zu Ende erzählen und nicht deine eigene, die dir vielleicht besser gefallen würde.

- Denke in deiner Geschichte an die W-Fragen: wer, was, wann, wo, wie, warum, weshalb?

- Denke in deiner Fortsetzungsgeschichte daran, dass es eine Einleitung, einen Hauptteil und einen Schluss geben muss. Die Einleitung ist meist gegeben, daher achte darauf, dass der Hauptteil einen Höhepunkt hat und du den Schluss nicht vergisst. Der Schluss sollte kurz sein.

- Die Geschichte muss eine Überschrift haben. Falls es keine gibt, erfinde eine passende!

- Denke an: treffende Adjektive, passende Verben.

- Wörtliche Rede und unterschiedliche Satzanfänge machen die Geschichte lebendig.

- Lies dir deine Geschichte am Ende sorgfältig durch. Achte auf deine Rechtschreibung und auch darauf, dass du Satzzeichen gesetzt hast.

Zusammenfassung Tipps zur Fortsetzungsgeschichte:

1. Du überlegst dir gute Anschlusssätze.
2. Die Fortsetzung muss unbedingt zum Anfang passen.
3. Deine Schlussgedanken runden die Geschichte passend zum Anfang ab.
4. Du findest eine passende Überschrift, falls keine gegeben ist.
5. Deine Erzählung lässt keine Fragen offen.
6. Du hältst durchgängig die Erzählzeit ein.
7. Du vermeidest Wortwiederholungen, achtest auf unterschiedliche Satzanfänge und überlegst dir passende Adjektive und Verben.
8. Du setzt die wörtliche Rede sinnvoll und korrekt ein.

9.6.2 Ein Star wird geboren

Lies dir die Bildergeschichte „Ein Star wird geboren" durch. Führe dann die Geschichte weiter mit folgendem Inhalt:

- Opa ist krank!
- Er konnte nicht an der Schulfeier teilnehmen.
- Er konnte daher die Aufführung nicht sehen.
- Besuch beim Opa.
- Sepp ist auch krank und kann daher nicht mehr trommeln.

Zur Erinnerung die Bilder zur Geschichte, die du fortsetzen sollst. Lies dir die Geschichte noch einmal durch. Du findest sie bei den Bildergeschichten. Nimm ein eigenes Blatt.

9.6.3 Lösung: Fortsetzung zu „Ein Star wird geboren"

Was ist mit dem Opa?

„Du, Mirko, ich hab gestern bei unserem Schulfest gar nicht den Opa gesehen", sagte Susi, als sie im Schulbus saßen.

„Ob er wohl krank ist?", fragte Susi. „Jedenfalls werde ich nach der Schule sofort bei ihm anrufen."

Als sie mittags nach Hause kam, erkundigte sie sich allerdings zunächst bei ihrer Mutter, warum Opa gestern nicht dagewesen sei.

„Ich weiß es auch nicht", antwortete sie, „ich hatte gestern auch keine Zeit. Ruf doch bei ihm an!"

Am Telefon erfuhr Susi, dass der Opa tatsächlich krank im Bett lag. Aber er versicherte ihr, dass er sich wahnsinnig freuen würde, wenn sie mit ihren beiden Freunden käme.

Jetzt begann ein eifriges Telefonieren. Der erste, den sie anrief, war Mirko: „Du, Mirko! Wir müssen zum Opa! Er liegt krank im Bett und ich habe versprochen, wir würden morgen Nachmittag zu ihm kommen und unsere Aufführung von gestern Abend bei ihm wiederholen. Aber ich sehe da ein Problem: Der Sepp kann doch wohl nicht mit der großen Pauke an Opas Bett erscheinen!"

Mirko aber wusste wieder Rat: „Kein Problem!", sagte er. „Ich weiß, dass Sepp Mundharmonika spielen kann. Ich rufe ihn sofort an!"

Nach gut 15 Minuten klingelte auch schon das Telefon. „Sepp ist auch krank! Ziemlich erkältet. Er sagt, er habe gestern bei der Aufführung zu sehr geschwitzt. Naja, als Untermann musste er ja auch eine große Last tragen.

Aber von unserem Vorhaben morgen Nachmittag war er gar nicht begeistert. Erst als ich ihm sagte, dass er natürlich nicht wieder Untermann sein müsse und schon gar nicht auf die Trommel hauen müsse, geschweige denn singen, da erwähnte er plötzlich, dass er Mundharmonika spielen könnte."

„Aber das war ja nun wieder nett von ihm!", warf Susi ein.

„Genau! Jedenfalls hat er zugesagt."

„Cool! Also dann bis morgen Nachmittag um vier bei Opa!"

Übrigens, die Mimi nahmen die drei dieses Mal nicht mit, sondern den Hund Bello. Bei jungen Kätzchen konnte man ja nie wissen...

9.6.4 Fortsetzungsgeschichte 2

Gegeben:

An einem nebligen Spätsommertag stellte ich mein Fahrrad vor der Burgruine im Nachbardorf ab. Zum Teil durch die Nebelschwaden verdeckt, ragten die Mauern der Ruine weit über mir in den Himmel und wirkten sehr bedrohlich auf mich. Bepackt mit meinem Rucksack, in dem die Gegenstände klapperten, die ich für meinen Auftrag brauchte, …

→ Setze bitte die Geschichte auf einem eigenen Blatt fort.

→ Versuche deine Geschichte zu bewerten, indem du die einzelnen Punkte mit unterschiedlichen Farben unterstreichst:

Hast du eine passende Überschrift gefunden?

Hast du die Geschichte passend zum Anfang fortgeführt und einen passenden Schlussgedanken gefunden?

Hast du die vorgegebene Erzählzeit eingehalten?

Hast du die *wörtliche Rede* richtig und sinnvoll eingehalten?

Hast du **treffende Adjektive und** abwechslungsreiche Verben verwendet?

Hast du auf unterschiedliche Satzanfänge geachtet?

→ Lies dir die Lösung durch und versuche diese ebenso anhand der oben genannten Punkte zu bewerten:

Mögliche Überschriften:

> Der Club der Furchtlosen
> Die Mutprobe
> Die List der Mädchen

An einem nebligen Spätsommertag stellte ich mein Fahrrad vor der Burgruine im Nachbardorf ab. Zum Teil durch die Nebelschwaden verdeckt, ragten die Mauern der Ruine weit über mir in den Himmel und wirkten sehr bedrohlich auf mich. Bepackt mit meinem Rucksack, in dem die Gegenstände klapperten, die ich für meinen Auftrag brauchte, ...

Fortsetzung:

... stapfte ich mit einem **mulmigen** Gefühl auf den Eingang zu. Leider war ich auch noch ein wenig **spät** dran, denn im Inneren der Ruine warteten meine **beste** Freundin Alena und **drei** Jungs: Leo, Leon und Nick. Nick war der Anführer des ‚Clubs der Furchtlosen' und ich wollte **unbedingt** auch in den Club aufgenommen werden. Alena hatte es schon geschafft. Jeder musste erst eine Mutprobe bestehen, bevor er in den Club aufgenommen wurde und nun war ich dran. Ich musste bis es dunkel wurde alleine auf dem Dachboden der Ruine verharren und irgendetwas von dort mitnehmen. Nick wollte mich nicht wirklich in seinem Club haben und _begrüßte_ mich abweisend: „Auch schon da? Wenn du zu uns gehören willst, musst du bis zum Abend mindestens drei Spinnen fangen und uns bringen!"

„Mistkerl!", _dachte_ ich, „du weißt genau, dass ich **tierische** Angst vor Spinnen habe." Ich ließ mir nichts anmerken und _antwortete_ so ruhig ich konnte: „Kein Problem, Nick, du bekommst deine Spinnen!"

Mutig machte ich mich **alleine** mit meinem Rucksack, in dem ich auf Alenas Rat hin ein **leeres** Honigglas, eine Taschenlampe und ein Taschenmesser hatte, auf den Weg nach oben. Die Treppen knarzten und je höher ich kam, desto mehr verkrampfte ich mich. Es wurde immer **dunkler** und **kühler**, es roch ganz **seltsam** und mir rutschte so langsam das Herz in die Hose, bis mir meine Taschenlampe einfiel. „Bin ich **doof**, ich habe doch extra meine Taschenlampe eingesteckt", _verfluchte_ ich mich selber. Während ich versuchte meine Taschenlampe herauszukramen, hörte ich plötzlich **komische** Geräusche. Ich beeilte mich, den Rucksack wieder zu verschließen, als mir **blöderweise** die Taschenlampe aus der Hand fiel und die **halbe** Treppe wieder hinunterrollte. „Verdammt! Hoffentlich ist sie nicht **kaputt** gegangen", _sagte_ ich zu mir selbst als ich ein **leises** „Aua!" und ein Gewinsel vernahm. Ich war den Tränen nahe. Mit **zitternden** Knien ging ich **vorsichtig** Stufe für Stufe wieder hinab. Ich _dachte_: „Hoffentlich finde ich die Taschenlampe im Dunkeln wieder und sie funktioniert auch noch, sonst schaffe ich das nie." Plötzlich nahm ich zwei Gestalten wahr und ich schrie vor Schreck auf.

„Pst!", *wisperte* jemand und sofort erkannte ich Alenas Stimme. „Was macht ihr hier? Ihr habt mich zu Tode erschreckt und wer ist das überhaupt?", *deutete* ich auf die **zweite** Gestalt.

„Ich bin der Sohn vom Burgverwalter und ich habe Alena **heimlich** hierhergeführt. Zum Dank hast du mir deine Taschenlampe auf den Kopf geworfen", *jammerte* der **fremde** Junge. Ich musste mein Lachen unterdrücken und *meinte*: „Es war ja keine Absicht, Entschuldigung." Alena drückte mir schnell ein Marmeladenglas in die Hand und *sagte*: „Hier nimm! Geh **schnell** nach oben, die anderen sind schon auf dem Weg." **Erstaunt** sah ich auf das Glas und entdeckte **mehrere** Spinnen. Ich bedankte mich und drückte Alena **kurz**, dann machte ich meine Taschenlampe an und schritt mit **neuem** Mut Richtung Dachboden, während ich *dachte*: „Alena ist die **beste** Freundin, die man sich wünschen kann!" Ziemlich außer Atem kam ich oben an und wartete **ungeduldig** – meine Aufgabe war ja schon erledigt. Es erschien mir ewig, bis die anderen endlich ankamen. Nick sprang mich von hinten an und erschreckte mich: „Huh, wo sind die Spinnen?"

Ich *nannte* ihn einen Idioten und zeigte ihm **stolz** mein Glas mit den vier Spinnen. **Widerwillig** nahm er das Glas und zählte. Schließlich *rief* Alena: „Super! Du hast es geschafft."

Mit weniger Freude nahmen mich die Jungs auf, aber alle gratulierten mir dennoch. „Ok, du hast es geschafft – du bist das **fünfte** Mitglied in unserem Club", *verkündete* Nick. Da es schon **dunkel** war, machten wir uns auch schon bald wieder auf den Rückweg. Unten angekommen, *riefen* die Jungs: „Ciao!" und Nick *fügte* noch *hinzu*: „Morgen trifft sich der Club um 16:30 Uhr in der Schlucht. Also bis dann." Sie schwangen sich auf ihre Räder und verschwanden ziemlich **schnell** im Nebel.

Ich nahm Alena nochmals in den Arm und bedankte mich bei ihr. Alena *versicherte* mir: „Du hättest das auch alleine geschafft. Ich bin echt **froh**, dass du jetzt auch zum ‚Club der Furchtlosen' gehörst. Morgen fahren wir gemeinsam zur Schlucht." Auf dem Heimweg lachten wir darüber, wie wir die **arglosen** Jungs überlistet hatten.

Adjektive   → **fett**
Verben   → unterstrichen
Wortfeld „sagen"   → *kursiv und unterstrichen*

➔ Zum Vergleich kannst du die Adjektive und Verben in deiner Geschichte zählen und mit der Musterlösung vergleichen.

9.7 Reizwortgeschichte

9.7.1 Märchen

Schreibe mit den folgenden Wörtern ein Märchen. Denke an die drei Bestandteile einer Geschichte, an die wörtliche Rede und auch daran, was ein Märchen ausmacht.

❖ Zaubertopf
❖ Glück
❖ Mädchen
❖ Armut

1. Vorüberlegung:
   Schreibe einige Wörter auf, die ein Märchen ausmachen:

Es war einmal...
Sie lebten vergnügt bis an ihr Lebensende...
vor langer, langer Zeit...
böse und gut...
Berge, tiefe Wälder, Seen...
gläserne Schuhe...
Feen, Hexen und Zauberer...
Wenn sie nicht gestorben sind, dann leben sie noch heute.

2. Schreibe einige Merkmale auf, die ein Märchen ausmachen!

Es ist weder ein Ort noch eine Zeit gegeben.
Der Held hat oft eine Aufgabe, die er erfüllen muss.
Oft ist der Held schwach oder arm.
Sprüche und Verse kommen oft in Märchen vor.
Es passiert etwas, das man nicht für möglich hält.
Die Geschichte endet immer glücklich.
Moderne Wörter werden nicht benutzt.

Lösung:

Es war einmal vor langer, langer Zeit ein armes Mädchen. Es hatte sein ganzes Geld gespart, denn ihrer Familie war der letzte Topf zerbrochen und sie konnten gar nichts mehr kochen. Die Mutter jammerte und der Vater wusste nicht, was er tun sollte, denn das Geld reichte vorne und hinten nicht und nun fehlte auch noch ein Topf.

So verkaufte das Mädchen duftende Blumen vom Feld und sparte, bis es endlich den Topf für die Familie erstehen konnte.

Das Mädchen sah sich einige Zeit nach einem Topf um, bis ihm plötzlich ein altes Weib begegnete.

„Kauf mir doch diesen schönen Topf ab, liebes Kind!", sagte die alte Frau, „ich brauche das Geld so sehr!"

„Ach", antwortete das Mädchen, „das trifft sich gut, denn ich benötige so dringend einen Topf. Meiner Familie ist der letzte Topf zerbrochen und seit Wochen können wir schon nichts Warmes essen. Wenn ich genügend Geld habe, kaufe ich dir den Topf gerne ab! Was soll er denn kosten?"

„Liebes Kind, gib mir, was du mir geben kannst."

Das Mädchen gab dem alten Weib das ganze Geld, das es besaß. Die Frau freute sich und gab dem Mädchen den Topf.

„Du wirst diesen Kauf niemals bereuen! Ich wünsche dir das Allerbeste!"

Zu Hause angekommen füllte das Mädchen Wasser in den Topf und stellte ihn auf das Feuer. Sie schnitt Gemüse, denn sie wollte für ihre Familie eine nahrhafte Suppe kochen. Sie würden sich so freuen, einmal wieder etwas Warmes zu essen. Als sie jedoch den Topf öffnete, um das Gemüse hineinzugeben, sah sie zu ihrem Erstaunen ein großes Stück Fleisch im Topf!

„Wie ist denn das geschehen?", fragte sich das Mädchen und dachte: „Wie lange haben wir keine Fleischsuppe mehr gegessen! Meine Familie wird staunen."

Die Familie war so hungrig, dass kein Tropfen der guten Suppe übrigblieb.

Das Mädchen wusch den Topf, legte eine Zitrone hinein, die sie auf dem Weg gefunden hatte, und schloss den Deckel.

Am nächsten Tag gab es nicht viel, das sie kochen konnte. Eine Kartoffel hatte sie noch und daraus wollte sie wieder eine Suppe kochen. Sie schnitt die Kartoffel besonders fein, damit es so aussah, als hätten sie mehr zu essen.

Als sie den Topf öffnete, schrak sie zurück. Was war das? Die Zitrone war golden geworden. Sie nahm die Zitrone und konnte spüren, dass diese aus purem Gold war. Was hatte sie für ein Glück! Sie würde sie verkaufen und ihrer armen Tante auch etwas zu essen bringen!

Zittrig tat sie die Kartoffel mit etwas Wasser in den Topf und stellte ihn auf das Feuer. Nach einer Weile wunderte sie sich, dass es so gut duftete. Sie öffnete den Deckel und fand ein Huhn, viel Gemüse und Reis vor. Sie hatte einen Zaubertopf erworben!
Jeden Tag kochte sie in ihrem Topf und immer bot er ihr mehr, als sie hatte. Sie gab den Armen von ihrem Essen ab und bereute nie den Kauf des Topfes, musste sie doch nie wieder Hunger erleiden. Sie war das glücklichste Mädchen auf Erden und lebte vergnügt bis an ihr Ende.

Typische Märchenformulierungen
Es war einmal vor langer, langer Zeit ein armes Mädchen.
... der letzte Topf zerbrochen.
„Kauf mir doch diesen Topf ab, liebes Kind!"
„Liebes Kind, gib mir, was du mir geben kannst."
Jeden Tag kochte sie in ihrem Topf und immer bot er ihr mehr, als sie hatte.
...lebte bis an ihr Lebensende glücklich und zufrieden.
Sie war das glücklichste Mädchen auf Erden und lebte vergnügt bis an ihr Ende.

9.7.2 Angstgeschichte

Schreibe mit den folgenden Wörtern eine Angstgeschichte. Denke an die drei Bestandteile einer Geschichte, an die wörtliche Rede und auch daran, was eine Angstgeschichte ausmacht.

- ❖ Papierkorb
- ❖ gemütlicher Abend
- ❖ Angst (kursiv in der Lösung)
- ❖ rascheln

Überlege dir zwei verschiedene Überschriften zu deiner Geschichte!

Lösung:

Meine Eltern wollten am Wochenende ausgehen. Ich sollte Samstagabend alleine zu Hause bleiben. Meine Mutter wollte mich beruhigen und sagte, dass ja nichts passieren könnte, sie würde die Alarmanlage anstellen und ich könnte ganz entspannt schlafen. Ich hatte aber gar keine <u>Angst</u>, ganz im Gegenteil! Endlich könnte ich in aller Ruhe fernsehen, solange ich wollte und was ich wollte! <u>Ich hatte vor, das Fernsehprogramm zu studieren, um mich bestens auf das Wochenende vorzubereiten.</u>

Da meine Mutter doch ein etwas schlechtes Gewissen hatte, besorgte sie mir noch einiges zum Naschen. Umso besser! Ich würde ihr nicht verraten, wie sehr ich mich freute!

Endlich kam das Wochenende und der Samstagabend nahte. Mami kochte mir noch etwas zum Abendessen und dann machte sie sich fertig, was ja immer ewig dauert. Mir kam es noch länger vor, denn ich wollte endlich alleine im Haus sein. Schließlich kam sie duftend aus dem Bad und mein Vater hatte nach ewiger Sucherei endlich seine Schuhe gefunden. Wie lange es doch dauern kann, bis Eltern einmal fertig sind! Natürlich legte sie mir noch einmal ihre Telefonnummer hin, erklärte mir zum 100. Mal die Alarmanlage, und gab mir noch einen dicken Kuss auf die Stirn.

Ich hingegen konnte es kaum erwarten, bis sie aus dem Hause waren, denn mein Film sollte jede Minute losgehen! Ich hatte überhaupt keine Zeit für Belehrungen! Ich machte es mir im Fernsehsessel <u>gemütlich</u> und beschloss, mir keinen gruseligen, sondern lieber einen lustigen Film anzuschauen. In der Werbepause stellte ich den Ton ab, setzte mir ein Teewasser auf, und ging kurz ins Arbeitszimmer, da ich noch etwas aufschreiben musste.

Plötzlich raschelte etwas. Ich dachte mir nichts dabei und schrieb weiter. In den Werbepausen wollte ich doch noch schnell meine Hausaufgaben machen, da ich am nächsten Tag keine Zeit dafür haben würde. Ich arbeitete also weiter, aber als ich wieder etwas hörte, machte ich mir langsam Sorgen. Ich versteckte mich hinter dem Vorhang, schaltete das Gartenlicht an und versuchte zu sehen, ob jemand im Garten war. Ich konnte niemanden sehen, aber ich sah ja auch nur den halben Garten! Schon wieder zischelte etwas und mir lief ein Schauer den Rücken runter.

Ob ich Papa anrufen sollte? Aber würde der Alarm nicht angehen, wenn jemand im Garten wäre? Es knisterte noch einmal und plötzlich war mir klar, dass es nicht im Garten war, sondern im Haus! Ich blieb hinter meinem Vorhang stehen und kontrollierte, ob er mich auch gut verdeckte.
Ich hielt den Atem an und wartete auf ein weiteres Geräusch. Da! Schon wieder! Es knackte ganz nah. Ich blieb wie angewurzelt stehen und versuchte möglichst nicht zu atmen. Ich zog meine Füße vorsichtig ein Stück zurück, damit man sie nicht unter dem Vorhang sehen konnte.

Was konnte das nur sein? Es war ja nicht richtig laut, aber irgendjemand musste im Haus sein! Vielleicht hatte sich jemand eingeschlichen, als meine Eltern noch da waren? Was sollte ich nur tun? Ich könnte versuchen unbemerkt das Telefon zu ergreifen, aber wie sollte ich unbemerkt telefonieren? Zitternd stand ich da und wusste nicht so recht, was ich tun sollte.

Ich dachte darüber nach, ob ich die Alarmanlage auslösen könnte, aber ich wusste ja genau, wie so etwas in Filmen ausging! Die Diebe waren immer viel gewitzter als alle anderen! Also blieb ich hinter meinem Vorhang stehen und wartete ab. Ich erstickte fast, weil ich mich nicht traute zu atmen. Eine ganze Weile hörte ich nichts und überlegte, ob ich mich schnell rausschleichen sollte? Aber was würde ich dann tun? Vielleicht die Tür zum Arbeitszimmer absperren? Also versuchte ich hinter meinem Vorhang rauszuschauen um festzustellen, ob ich jemanden sehen konnte. Niemand. Aber da raschelte es schon wieder! Irgendwer musste hier sein! Ich bekam Panik. Was sollte ich nur tun? Und wenn es ein Einbrecher war, würde er einfach wieder gehen, wenn ich ganz ruhig blieb? Ich wusste nicht, wie lange ich das noch hinter meinem Vorhang aushalten würde. Ich überlegte weiter, aber kam zu keiner richtigen Antwort. Da knisterte es wieder und plötzlich fiel der Papierkorb um. Ich hörte ein Miau.

Schnell schaute ich hinter meinem Vorhang hervor und konnte gerade noch sehen, wie Mimi, meine kleine, freche Katze, aus dem <u>Papierkorb</u> kroch. Sie sah sehr verschlafen aus, reckte und streckte sich, und blickte verwundert in meine Richtung.

Erleichtert kam ich aus meinem Versteck hervor, nahm Mimi auf den Arm und ging mit ihr in die Küche, um endlich meinen Tee zu kochen. Dann machten wir es uns beide <u>richtig gemütlich vor dem Fernseher</u>, wobei ich das Telefon jedoch sicherheitshalber in der Hand behielt. Schließlich wurde es doch noch ein sehr <u>behaglicher Fernsehabend</u>! Ich hoffe, dass meine Eltern bald wieder ausgehen, dann hole ich mir Mimi aber gleich auf den Schoß!

Überschriften:

Alleine zu Hause
Das Rascheln im Papierkorb
Immer diese Mimi
Ende gut, alles gut
Der ungemütliche Fernsehabend

Wortfeld rascheln	knistern
knirschen	zischen
zischeln	rumoren
knacken	rauschen
säuseln (Blätter im Wind, Stimmen)	dröhnen

9.7.3 Erlebniserzählung

Auch eine Erlebniserzählung besteht aus den drei typischen Teilen eines Aufsatzes:

- Einleitung
- Hauptteil
- Schluss

Es gibt aber einen großen Unterschied zu den anderen Geschichten in diesem Schuljahr. Die Erlebniserzählung muss eine wahre Geschichte sein oder aber zumindest eine Geschichte, *die wahr sein könnte.*

Du beschreibst, was dir oder jemandem passiert ist oder aber passiert sein könnte. Hier kannst du *nicht* Elemente des Märchens, einer Fabel oder Fantasiegeschichte einbauen. Das, was du erzählst, muss möglich sein.

Du erzählst von einem einzigen Erlebnis. Du kannst zum Beispiel berichten, was bei deinem letzten Besuch im Fußballstadion geschah, wie die letzten Ferien waren oder was du gestern Abend erlebt hast.

- Du überlegst dir für deine Geschichte eine spannende Überschrift.
- Deine Einleitung ist drei - fünf Sätze lang und du erklärst, wann, wo und wie die Geschichte begann.
- Im Hauptteil erzählst du, wie und warum es zu der Geschichte kam. In einzelnen Erzählschritten näherst du dich dem Höhepunkt.
- Denke an Fragen, die wörtliche Rede, und an beschreibende Adjektive und Verben. Überlege dir genau, was der Höhepunkt deiner Geschichte sein soll.
- Du schreibst eine Geschichte in der ersten Vergangenheit. Denke dir dazu einen überraschenden Schluss aus. Auch dieser ist wieder drei - fünf Sätze lang.
- Kontrolliere am Ende deine Geschichte noch einmal! Versuche, Wortwiederholungen zu vermeiden, und die Sätze unterschiedlich zu beginnen.

Mögliche Themen:

So eine Überraschung / Eine freudige Überraschung
Im Wald
Mein Geburtstag
Im Zoo
So ein großer Schrecken
Glück gehabt / Pech gehabt
Ich hatte Angst
Meine letzten Ferien
Mein lustiges Faschingserlebnis
Beim Lagerfeuer
Zelten mit Freunden
Mein erster Schultag
Der Besuch meiner Großeltern
Zeugnistag

Checkliste für deinen Aufsatz:

- Ich treffe das Thema und weiche davon nicht ab.
- Ich beschreibe ein Ereignis.
- Ich denke an Einleitung, Hauptteil und Schluss. Meine Einleitung und mein Schluss umfassen drei bis fünf Sätze.
- Ich stelle die einzelnen Figuren dar. Der Leser erfährt, wie die Personen aussehen, was sie denken und fühlen.
- Ich verwende die wörtliche Rede.
- Ich verwende außerdem passende Adjektive und Verben.
- Ich fange mit unterschiedlichen Satzanfängen an und vermeide Wortwiederholungen.
- Ich schreibe meine Geschichte in der ersten Vergangenheit.
- Ich beachte die Satzzeichen. Meine Sätze enden mit einem Punkt. Auch gebe ich auf die Personal- und die dazu passenden Verbformen acht.
- Meine Wörter schreibe ich richtig.
- Meine Geschichte hat eine Überschrift.
- Ich verwende die angegebenen Reizwörter.

Beispielaufsatz:

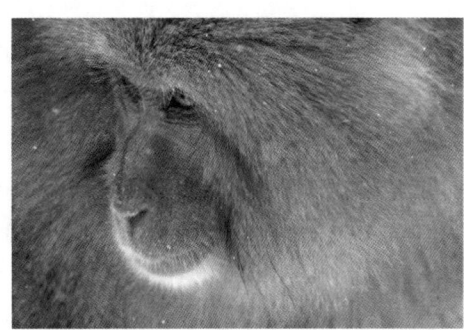

Ferien im Paradies

In unseren letzten Ferien sind wir nach Thailand geflogen. Mein Vater hatte sich schon immer gewünscht, Weihnachten einmal in der Sonne zu verbringen. So hat er schließlich auch meine Mutter überredet und die Rucksäcke wurden gepackt. Der Plan war, von einem Ferienort zum anderen zu wandern. Weihnachten in der Sonne konnte also kommen!

Auf den Flug hatte ich mich eigentlich gefreut. Ich dachte mir, ich würde die ganze Zeit Cola trinken, fernsehen und zwischendurch was Leckeres essen. Aber so oft kamen die Stewardessen dann leider doch nicht vorbei, so dass sich mein Getränketraum recht schnell in Luft auflöste. Naja, das Essen hätte ich mir vielleicht sparen können. Nein, lecker war das nicht!
Der erste Film war toll, der zweite nicht mehr ganz so und der dritte schließlich langweilig. Eigentlich wollte ich nur noch ankommen.

Nach unzähligen Stunden war es dann auch soweit. Mit unseren schweren Rucksäcken bepackt nahmen wir ein Taxi zum ersten Hotel. Dort blieben wir nur einen Tag und ab dann begann das Wandern. Jeden Tag liefen wir durch die Wälder, sahen abenteuerliche Tiere, und schleppten unser Gepäck von Hotel zu Hotel. Es war sehr schön, aber auch sehr anstrengend. Ich habe viel gesehen, was ich vorher noch nie gesehen hatte. Affen zum Beispiel. Wobei ich sagen muss, dass so ein Affe in der Wildnis doch etwas unheimlicher ist, als im Zoo. Ich habe mich also sehr gefreut, welche in freier Wildbahn zu sehen, hielt aber immer einen großen Abstand! Schlangen sind uns auch über den Weg gelaufen, was für meine Mutter gar nichts war.

Aber Vater sagte, zu einem Abenteuerurlaub gehöre hin und wieder auch mal ein gruseliges Tier. In der Mitte unseres Urlaubes hatten wir für ein paar Tage ein Hotel gebucht.
Meine Mutter hatte durchgesetzt, nur in der Sonne liegen zu dürfen. „Ich kann doch nicht den ganzen Tag durch die Gegend stapfen!", hatte sie gesagt, „Ich brauche auch etwas Ruhe und Erholung!"
„Ach Schatz", hatte mein Vater geantwortet, „man kann sich doch nirgends so gut erholen, wie auf einer Wanderung."

„Ja", entgegnete meine Mutter, „wenn man keine quengelnden Kinder dabeihat und keinen Ehemann, der einen durch den Wald jagt!"

Ich war heilfroh, als wir endlich in unserem Hotel ankamen!

Meine vielen schmerzenden Blasen konnten verheilen, meine müden Füße bekamen endlich die verdiente Ruhe, und meine geschwollenen Beine konnten sich wunderbar im Schwimmbad erholen. Sogar meine Schwester hörte mit ihrer ständigen Jammerei auf und ließ mich mit der ewigen Frage, wann wir denn wohl endlich da seien, in Ruhe! Das Hotel hatte einen riesigen Pool und lag direkt am Meer. Das Essen war fantastisch! Meine Mutter lag glücklich unter ihrem Sonnenschirm und mein Vater lief den Strand entlang und befragte das Personal nach allen möglichen Unternehmungen. Er freute sich über sein großes Programm für die nächsten Tage.

Uns Mädels hätte ja das Schwimmbad gereicht! Noch am Nachmittag machten wir unseren ersten Kurs. Um uns an die Tauchflaschen zu gewöhnen, mussten wir nur ein bisschen im Wasser herumplanschten. Wir bekamen Flossen und übten, uns rückwärts vom Boot mit unserer Tauchflasche ins Wasser fallen zu lassen. All das machte uns großen Spaß! Ich freute mich darauf, in den nächsten Tagen die vielen Fische Thailands vor meine Taucherbrille zu bekommen.

Nach dem Kurs gaben wir unsere Flossen ab und stürmten zusammen ins Wasser. Die Brandung hatte zugenommen und es gab nichts Besseres, als in die Wellen zu springen. Es war der allerbeste Tag unseres ganzen Urlaubs - doch dann geschah es: Plötzlich trat ich in etwas Spitzes, das höllisch weh tat.

„Auaaa!", schrie ich laut auf und mein „Aua!" konnte man über den ganzen Strand hören! Sofort kamen von allen Seiten Leute und zu meinem großen Schreck sah ich im klaren Wasser eine Blutspur. Ich schwamm meinem Vater entgegen, denn auftreten konnte ich mit meinem Fuß nicht mehr. Er zog mich aus dem Wasser und wir betrachteten meinen blutüberströmten Fuß. Was für ein Unglück! Ich musste in eine große Scherbe getreten sein, denn mein Fuß hatte einen riesigen Schnitt. Mein Vater trug mich zum Arzt im Hotel. Dieser reinigte die Wunde und machte mir einen Verband. Er sagte: „Ach, dass immer jemand seine Flaschen ins Meer werfen muss! Es vergeht kein Monat, in dem ich nicht einen aufgeschnittenen Fuß verbinde! Wann hören die Menschen endlich auf, ihren Müll ins Wasser zu werfen! "

„Wann kann denn meine Tochter wieder länger laufen?", fragte mein Vater besorgt. „In den nächsten zwei Wochen leider nicht!"

Betrübt lief mein Vater zur Rezeption des Hotels und fragte nach einer Verlängerung. Das Wandern war für unsere Familie beendet und die Ferien im Paradies hatten begonnen!

10 Lösungen

10.1. Lösungen zu den Übungen aus Kapitel 4 Rechtschreibung

Übung: Zeitangaben - Zeige was du gelernt hast, setze die Wörter richtig ein!

Die Schule fängt **morgens** (MORGENS) um 8:00 Uhr an. Nach <u>dem</u> **Lernen** (LERNEN) spiele ich <u>am</u> **Nachmittag** (NACHMITTAG) mit meinen Freunden. Ich muss **abends** (ABENDS) zuhause sein, bevor es dunkel wird. Der Sportunterricht fällt **übermorgen** (ÜBERMORGEN) leider aus, da die Lehrerin **ganztags** (GANZTAGS) auf Schulung ist. An Halloween gibt es <u>viel</u> **Süßes** (SÜßES) und <u>wenig</u> **Saures** (SAURES). <u>Das</u> **Sammeln** (SAMMELN) von Süßigkeiten macht mir großen Spaß. Aber zu <u>viel</u> **Süßes** (SÜßES) ist schlecht für die Zähne!

Lernwörter e/eu – ä/äu

→ Ableitungen für die Wörter mit ä/äu:

> Mäppchen, Schnäppchen, quälen, nähen, erklären, gefährlich, ängstlich, säubern, Gebäude, schäumen, läuten, Geräusch, Verkäufer, Äpfel, Kästchen, Verräter, täglich, kläglich, Zäune, Häuser, Mäuse, Läuse

Mappe, schnappen, Qual, Naht, klar, Gefahr, Angst, sauber, Bau, Schaum, laut, rauschen, verkaufen, Apfel, Kasten, Verat, Tag, klagen, Zaun, Haus, Maus, Laus

Übung: Überlege, ob du ein „eu" oder ein „äu" einsetzen musst. Falls es ein „äu" ist, schreibe das verwandte Wort mit „au" daneben!

Läufer	laufen
Sträuße	Strauß
Zäune	Zaun
Leute	-
Freude	-
Häuser	Haus
Träumer	Traum
Leuchter	-
Meute	-

Lernwörter s/ss/ß

Übung:

Versuche nun die obenstehenden Wörter unter die Rubriken Namenwörter (Nomen), Tunwörter (Verben) und Wiewörter (Adjektive) einzuordnen:

Abschluss, Abfluss, (der) Biss, Gebiss, bissig, fließen, floss (Vergangenheit), Floß, Riss, reißen, beißen, schließen, Gruß, grüßen, gießen, Schloss, Schoß, Pässe, goss, vergaß, Schlüssel, Grüße, Fuß, Füße, büßen, außen, draußen, Strauß, süß, Fluss, Flüsse, Straße, Spaß, spaßig, Stoß, Fleiß, fleißig, schießen, Messer, Fass, Nüsse, Tasse, Sessel, Kasse, Rüssel, Genuss, Kuss, Schuss, Kissen, Gewissen, sprießen, genießen, essen, essbar, Kasse, Klasse, Rasse, spießig

Verben:
fließen, floss, reißen, beißen schließen, grüßen, gießen, goss, vergaß, sprießen, genießen, essen

Nomen:
der Abschluss, der Abfluss, der Biss, das Gebiss, das Floß, der Riss, der Gruß, das Schloss, der Schoß, die Pässe, der Schlüssel, die Grüße, der Fuß, die Füße, der Strauß, der Fluss, die Flüsse, die Straße, der Spaß, der Stoß, der Fleiß, das Messer, der Fass, die Nüsse, die Tasse, der Sessel, die Kasse, der Rüssel, der Genuss, der Kuss, der Schuss, das Kissen, das Gewissen, die Kasse, die Klasse, die Rassel

Adjektive /Adverbiale:
süß, spaßig, fleißig, essbar, spießig, außen, draußen,

Lernwörter k/ck

Frühstück, Flocken, nicken, schicken, blicken, schmecken, locker, Bäcker, backen, packen, Speck, Strick, stricken, glücklich, spicken, wecken, lecken, lecker, schreckhaft, schrecklich, Trick, Blick, trocken, Hecke, Decke, Wecker, Picknick, Flecken, dick

Übung:

Versuche nun die obenstehenden Wörter unter die Rubriken Nomen (Namenwörter), Verben (Tunwörter) und Adjektive (Wiewörter) einzuordnen:

Verben:

nicken, schicken, blicken, schmecken, backen, packen, stricken, spicken, wecken, lecken

Adjektive:

locker, lecker, schreckhaft, schrecklich, trocken, dick, glücklich,

Nomen:

das Frühstück, die Flocken, der Bäcker, der Speck, der Strick, der Trick, der Blick, die Hecke, die Decke, der Wecker, das Picknick, die Flecken

Setze richtig ein x, chs oder cks:

Nina we**chs**elt ihre Kleidung für den Ausflug. Mit einem Ke**ks** in der Hand, trifft sie im Märchenwald auf zwei Fü**chs**e und einen Da**chs**. Lin**ks** neben dem Hexenhäuschen sitzt Hänsel im Käfig und neben ihm steht ein riesiger O**chs**e. Linus holt sein Lexikon aus dem Ru**cks**ack und liest alles über das Wa**chs**tum der Waldtiere. Bald schließt der Märchenwald und alle fahren fi**x** nach Hause. Marie liest ein trauriges Buch und bricht in Tränen aus. Auf dem Te**x**t entstehen einige Kle**cks**e. Am Abend mi**x**en wir uns Getränke, feiern ein Fest und machen großen Lärm. Am nä**chs**ten Tag sammeln wir alle Flaschen und Bü**chs**en wieder auf.

Lösung zur Übung f oder v:

Eva und ihr bester Freund Fritz sind viel zusammen. Fast jeden Tag treffen sie sich. Sie üben für das Theaterstück am Freitag: „Das fliegende Pferd". Zum Tag der offenen Tür findet ein großes Fest statt. Das Theaterstück hat die vierte Klasse selbst verfasst. Sie hatten viele Einfälle, jeder musste seine Idee vortragen. Es fiel der Klasse nicht leicht, sich für das perfekte Stück zu entscheiden. Auf jeden Fall freuen sich schon alle auf die Feier. Als Vater nach Hause kommt, hat er vergessen, dass die Kinder mit ihm vorgestern schon vereinbart hatten, dass sie vorhaben im Wohnzimmer zu üben. Folglich zieht sich Papa zum Fußball in den Keller zurück.

Du kannst alle Texte natürlich auch als Diktate verwenden.

Lösung – Reimwörter:

Tanz	**Kranz**	Fratze	**Glatze**
Sitz	**Witz**	Platz	**Satz**
Fetzen	**setzen**	Weizen	**heizen**
Sturz	**Pfurz**	Fritz	**Blitz**
Tatze	**Katze**	schwitzen	**sitzen**

Benenne nachstehende Gegenstände:

Sessel   Nüsse   Koffer   Bett   Brille

10.2. Lösung Lernzielkontrolle 1: Richtig schreiben doppelte Selbst- und Mitlaute 3. Klasse

1. Schreibe die Wörter richtig auf.

Messer	Pfanne
Beule	Tanne
Seil	Kasse
Kanne	Mittag
Bann	Ofen
Blume	Semmel
Tasse	Fahne

2. Setze die fehlenden Buchstaben ein:

An einem Mittwochnachmittag gingen An**n**a und ihre nette Freundin Annette zum Schwim-**m**en an einen See. Viele Leute waren mit ihren Booten auf dem Wasser. Bevor sie schwim-men gingen, banden sie ihre Haare zusammen. Plötzlich sahen sie einen fetten **Aal**. „Bitte, la**ss** uns den **Aal** fangen!", rief An**n**a. „Meine Mutter hat mir verboten Tiere anzufa**ss**en", antwortete Annette. Ein **Meer** von Wolken zog auf und die Mädchen waren sich einig, da**ss** das Wetter umschlug. Schnell packten sie ihre Matten zusammen und radelten nach Hause. Bei einem warmen **Tee** freuten sich die Freundi**nn**en, Mama alles erzählen zu kön-nen. Ermattet vom Schwim**m**en gingen sie früh zu Bett.

3. Trenne die Wörter in ihre Silben!
Schim-mel, schwim-men, Kel-ler, Klas-se, Spin-ne, Git-ter

10.3. Lösung Lernzielkontrolle 2: Groß- und Kleinschreibung 3./4. Klasse

1. Korrigiere die folgenden Sätze.

1. Heute ist ein wunderschöner, sonniger Tag und die Vögel zwitschern.
2. Am blauen Himmel sind nur wenige Schleierwolken zu sehen.
3. Am Nachmittag kommen Oma und Opa vorbei. Der Großvater begrüßt seine Enkelin: „Hallo meine Große, schön, dass wir dich endlich wieder zu Gesicht bekommen."
4. Anna erwidert: „Ja, aber später muss ich noch ins Training, montags habe ich immer Tennis."
5. Der Tisch im Garten ist schon gedeckt. Mama bringt noch den Kuchen, etwas Obst, etwas Süßes und den Tee hinaus.

2. Entscheide dich zwischen Groß- / Kleinschreibung

1. Lisa hat keine Angst vor der Deutschprüfung.
2. Aber wenn sie an den Zahnarzt denkt, wird ihr angst und bange.
3. Die **nette** Lehrerin fragt die Schüler: „Wäre es euch recht, wenn wir morgen gemeinsam frühstücken?
4. Das Frühstück war sehr lecker, jeder hat **etwas** mitgebracht. Es gab viel Süßes aber auch Salziges und frisches Brot.

3. Korrigiere den folgenden Brief.

Kempten, 21.01.2022

Liebe Tina,

seit gestern bin ich auf Klassenfahrt auf einem Bauernhof im Allgäu.

Hier ist es sehr schön. Ich bin mit Clara und Marie im Zimmer. Sehr schade, dass du dir das Bein gebrochen hast und nicht mitfahren konntest.

Wir müssen morgens sehr früh aufstehen, um dem Bauer beim Melken zu helfen. Danach gibt es Frühstück, aber auch hier müssen wir ein wenig mithelfen. Tischdecken und Bettenmachen ist unser Job. Dafür dürfen wir anschließend aber auch mit den Pferden ausreiten.

Morgen gehen wir ins Schwimmbad.

Ich wünsche dir gute Besserung und hoffe, dass wir bald wieder zusammen herumlaufen können.

Dicker Kuss und bis bald!
Deine Maya

10.4. Lösung Lernzielkontrolle 3: Richtig schreiben s/ss/ß und z/tz

Lösung:

1. Ka_tz_enfreude

10 P

Die Katze auf dem heißen Dach si_tz_t und denkt nach! Da kommt geschlichen auf seinen Spitzen – der schwarze Kater Mori_tz_ und fragt ganz höflich: „Der Fran_z_ geht heute mit mir zum
Tanz. Willst du nicht mit du süßer Fra_tz_?" Die Katze wedelt vor Freude mit dem Schwanz,
blinzelt verzückt und verkündet stolz: „Mit dir zum Tanz – nicht Bli_tz_, noch Donner können
mich davon abhalten!" Mit einem Satz sprang Mori_tz_ wieder weg und der Spatz auf dem
Dachspitz dachte sich: „Na dann viel Spaß!"

2. Setze s, ss oder ß richtig in die Lücken ein.

14 P

die Gläser	weiß	das Lasso	der Strauß
das Schlo**ss**	böse	der Hals	bei**ß**en
grü**ß**en	Regengu**ss**	fre**ss**en	die Nase
die Nu**ss**	flei**ß**ig	drau**ß**en	Me**ss**en
er wu**ss**te	das Gras	die Stra**ß**e	schlie**ß**en
Moos	intere**ss**ant	der Spaß	das Los
er las	der Flu**ss**	wi**ss**en	die Flo**ss**en

3. Hier haben sich ein paar Fehler eingeschlichen. Schreibe die Wörter in der Zeile darunter richtig auf!

11 P

Papa <u>nimt</u> sich heute <u>Zeid</u> für seine <u>Familiä</u>.   (3 P)
Papa <u>nim**m**t</u> sich heute <u>Zei**t**</u> für seine <u>Famil**ie**</u>.

Im <u>Cirkus</u> <u>treibd</u> der <u>Claun</u> seine <u>Spässe</u>.   (4 P)
Im <u>**Z**irkus</u> trei**b**t der <u>Cl**ow**n</u> seine <u>Spä**ß**e</u>

Er <u>siet</u> <u>lustik</u> aus mit seinen <u>risigen</u> <u>Schun</u>.   (4 P)
Er <u>sie**h**t</u> <u>lusti**g**</u> aus mit seinen <u>r**ie**sigen</u> <u>Schu**h**en</u>.

10.5. Lösung Lernzielkontrolle 4: Richtig schreiben e/eu / ä/äu

Grundschule Klasse 4 Deutsch

1. **Setze richtig ein!**   10 P
   a) „eu" oder „äu"
      - aufr<u>äu</u>men
      - der K<u>äu</u>fer
      - <u>Eu</u>ropa
      - h<u>eu</u>te
      - das Geh<u>äu</u>se

      - <u>äu</u>ßerlich
      - h<u>äu</u>fig
      - f<u>eu</u>rig
      - ungeh<u>eu</u>erlich
      - L<u>äu</u>fer

   b) „e" oder „ä"   10 P
      - verspäten
      - ehrlich
      - die Eltern
      - ärztlich
      - quälen

      - das Gewächs
      - während
      - überqueren
      - die Ähnlichkeit
      - der Ärger

   c) „d" oder „t"   8 P
      - zart
      - das Schild
      - gescheit
      - der Sand

      - die Geburt
      - gesund
      - Geld
      - bald

   d) „g" oder „k"   6 P
      - die Bank
      - das Werk
      - der Ausflug
      - das Spielzeug
      - krank
      - geizig

   e) „b" oder „p"   6 P
      - der Korb
      - der Spazierstab
      - ich blieb
      - er hupt
      - der Laubbaum
      - sie pumpt

2. Diktat

Bernd fragt seinen Vater, ob er ein neues Fahrrad kriegt.

Dieser antwortet: „Weshalb brauchst du denn jetzt schon wieder ein neues Rad?"

Karl erklärt, dass ihm das Rad zu klein geworden ist.

Die Mutter schneit herein und sagt: „Vielleicht kannst du ja das von deinem Bruder Ferdinand verwenden, solange er in England ist."

Bernd freut sich: „Das wäre super! So bald kommt er ja mit dem Flugzeug nicht wieder zurück. Später können wir immer noch entscheiden, wer ein neues Fahrrad bekommt. Ich freue mich auch über das alte. Äußerst zufrieden geht er in sein Zimmer.

10.6. Lösung Lernzielkontrolle 5: Richtig schreiben 4. Klasse f oder v

1. Setze die diktierten Wörter/Silben richtig ein!   16 P

Vor gar nicht so **vielen** Jahren gab es weder **Fernseher** noch **Video**. Es gab Kino und Theater und niemand **vermisste** diese Geräte. Auch Autos standen nur Wenigen zur **Verfügung**. Das private **Fortbewegungsmittel** hieß **Fahrrad**. **Ferne** Urlaube mit dem **Flugzeug** kannte man nicht. Obwohl die ersten **Versuche** zu **fliegen** wie ein **Vogel** schon sehr **früh stattfanden**.

In den **Ferien vergnügten** sich die Kinder **fröhlich** am See oder sonstwo in der **freien** Natur.

Abends saß **die Familie** gemeinsam in der Stube und **ver**brachte ihre Zeit mit Kartenspielen oder Hausmusik. Mit **Vorliebe** hörten die Kinder zu, wenn **Vater** Geschichten **vortrug** oder Mutter die **Familie** als **Vorleserin** in ihren Bann zog. Auch wenn **vielleicht** Einiges in **früheren** Zeiten **fehlte**, was heute **völlig selbstverständlich** ist, waren die Leute damals nicht weniger **zufrieden**.

2. Setze "viel" oder "fiel" richtig ein!   5 P

In der Adventszeit backen wir mit meiner Mutter immer **viele** Plätzchen. Leider **fiel** mir das letzte Blech auf den Boden. Die Plätzchen zer**fielen** in **viele** kleine Brösel. Mama schickt uns hinaus. Da im letzten Winter sehr **viel** Schnee **fiel**, nahmen wir unseren Schlitten mit. Wir hatten **viel** Spaß, doch leider **fiel** ich mit dem Schlitten um und verletzte mich ein bisschen. Am Abend **fiel** Mama die kleine Wunde auf. Ihr ge**fiel** das gar nicht und sie wollte **Vielerlei** über den Ablauf wissen.

3. Setze die passenden Wörter mit V/v oder F/f in den Lückentext ein!   5 P
- In der Pause spielen die Kinder gerne **Fangen**.
- Das Quadrat ist ein besonderes **Viereck**.
- Babyschweinchen nennt man **Ferkel**.
- Mein Vater steckt fast jeden Abend im **Verkehr**.
- Wenn es sehr heiß ist, verwendet meine Mutter einen **Fächer**.

4. Finde für die folgenden Wörter die korrekte Vorsilbe
   „Vor-/vor-" oder „Ver-/ver-". Schreibe Namenwörter mit dem passenden Begleiter auf und achte auf Groß- und Kleinschreibung. Falls es mehrere Möglichkeiten gibt,
   schreibe bitte alle auf: 10 P

RAT	GESSEN	GESTERN	LESEN
MITTAG	BINDEN	SCHLAGEN	BAUEN

- der Vorrat / der Verrat
- vergessen
- vorgestern
- vorlesen
- der Vormittag
- verbinden
- verbauen
- vorschlagen / verschlagen

11 Quellenverzeichnis

Fotos: Dreamstime, Istockphoto, Unsplash, Pixabay
Zeichnungen: Horst Reichel

www.duden.de
http://www.duden.de/rechtschreibpruefung-onlinehttp://notenschutzfürschülermitlegasthe-
nie.wordpress.com/
https://www.schulberatung.bayern.de/schulberatung/muenchen/fragen_paed_psy/legasthe-
nie/?Seite=muenchen

Frederik K. Assfalg
„Wie schreibt man einen guten Aufsatz? Tipps und Tricks zum Aufsatzschreiben"

Ronald D. Davis:
"Legasthenie als Talentsignal: Lernchance durch kreatives Lesen"
Knaur 2001

Prof. Dr. med. Gerd Schulte-Körne
"Ratgeber Legasthenie: Frühzeitig erkennen. Richtig reagieren. Gezielt behandeln" Knaur 1. Juni
2009

Andreas Warnke
"Legasthenie - Leitfaden für die Praxis: Begriff - Erklärung - Diagnose - Behandlung - Begutach-
tung"; Hogrefe 2002

Ronald D. Davis:
"Die unerkannten Lerngenies: Mit der Davis-Methode Lernstörungen beheben"
Ariston1. März 2004

Abigail Marshall + Ronald D. Davis:
"Autism and the Seeds of Change: Achieving Full Participation in Life through the Davis Autism
Approach" CreateSpace Independent Publishing Platform

Psychologie heute: http://www.psychologie-heute.de/
PSYCHOLOGIE HEUTE Februar 2013
Diktate üben? Davon rate ich ganz ab!" Sprachwissenschaftler Günther Thomé

Günther Thomé
„ABC und andere Irrtümer über Orthographie, Rechtschreiben, LRS/Legasthenie
(2. überarbeitete Auflage, isb 2013) und Ratgeber Rechtschreibprobleme: LRS Legasthenie (zusammen mit Dorothea Thomé, isb 2010)

BVerwG6 C 33.14

Schulhefte und Aufsätze von Paul und Nina Mandl
Schulhefte und Aufsätze von Linus und Julius Reichel